汉书故事

中华典籍故事

郑昶
范作乘——编

人民文学出版社

图书在版编目(CIP)数据

汉书故事/郑昶,范作乘编. —北京:人民文学出版社,2018(2023.6重印)
(中华典籍故事)
ISBN 978-7-02-013572-1

Ⅰ. ①汉… Ⅱ. ①郑… ②范… Ⅲ. ①中国历史-西汉时代-纪传体-通俗读物 Ⅳ. ①K234.104.2-49

中国版本图书馆CIP数据核字(2017)第307384号

责任编辑 卜艳冰 吕昱雯
装帧设计 高静芳

出版发行 人民文学出版社
社　　址 北京市朝内大街166号
邮政编码 100705

印　　刷 杭州钱江彩色印务有限公司
经　　销 全国新华书店等

开　　本 890毫米×1240毫米 1/32
印　　张 7.25
插　　页 2
字　　数 95千字
版　　次 2018年3月北京第1版
印　　次 2023年6月第3次印刷

书　　号 978-7-02-013572-1
定　　价 45.00元

目录

前汉书故事

序说

后汉书故事

前汉书故事

序　说

《前汉书》，系汉兰台令史班固所撰，用纪事本末体叙述前汉史实，凡一百卷。

前人有句诗道："细嚼梅花读《汉书》。"由此便可推想读《汉书》的兴趣了。现在将《前汉书》中最有兴趣的故事，用语体译出来，编为《前汉书故事》，给读者们阅读，或者也可得到细嚼梅花的兴趣吧！

至于《前汉书》所述关于高帝的史实，重见于《史记》已经语译为《史记故事》的，本书概行割爱。

鱼书狐鸣

【故事】

陈胜幼年的时候，曾经为人做工，和佣工们一起耕田。一天，耕好了田，大家坐在田塍（chéng）上休息，陈胜懊恼了好久，说道："如果将来能有富贵的一日，我们谁也不要忘记了交情。"

佣工们冷笑着说道："你和我们同为人家耕田度日，哪里会有富贵的一日？"陈胜长长叹了一口气，说道："唉！燕雀小鸟，哪里知道鸿鹄的志趣呢？"

秦二世元年七月间，乡村中有九百个人要发配到渔阳[①]去当兵役，限期赶到。陈胜和阳夏[②]人吴广，都是屯长[③]，督押他们出发。走到蕲[④]属大泽乡的地方，适值天下大雨，道路不通，计算限期已经延误了，照法令办，误期是要杀头的，于是陈胜和吴广二人商量道："现在限期已误，逃命吧，也要死；革命吧，也无非是死。横竖一个死，不如革命而死……"就去卜课，决定休咎。卜课的说："你们所做的事，都可以成功的。但须和鬼商量，才行。"

二人听了，说道："这是先叫我们用一套鬼把戏，来威服手下的军士们呀！"就暗暗地在布上用朱色写了"陈胜王"三个字，放在他人所网得的鱼腹中。后来买鱼的，在烹食的时候，得了这个字条，觉得很奇怪。陈胜又很秘密地派人在吴广所住附近的古祠中，黑夜中点着灯火，假作狐叫道："大楚兴，陈胜王。"军士们夜间听得此种呼声，非常惊恐，明天起来，军士都用好奇的眼光，注目陈胜。

陈胜和吴广，平时待人很和好，军士们都很服从他们，情愿听他们的呼唤。有一天，当管领配军的将尉酒醉的时候，吴广故意和那将尉寻事，屡次说道："我们不情愿发配，要逃走了！"那将尉果然给他一激，动了怒，用大杖来责打吴广。这时将尉提着剑，立着。吴广就上前夺剑，将那将尉杀了。陈胜也起来帮助，吴广连杀其他两个将尉。于是召集军士们前来，号令他们道：“诸君在此，适逢大雨，不能前去，已经耽误了时期，照法令是要斩的。即使不斩，但是发配出去的，也是十个要死六七个。而且大丈夫是不该轻死的，不死便罢，死当成个大名。什么王侯将相，都是大丈夫自己奋斗出来，难道都有种子不成?”手下的军士们，都一致说道：“我们都情愿听命。”于是，他们便起了兵。

【注释】

① 渔阳：在今北京市密云区西南。

② 阳夏：现在河南省太康县。

③ 屯长：督率兵士们工作的，叫屯长。

④ 蕲（qí）：现在湖北省蕲春县。

叔侄起兵会稽

【故事】

项梁曾经杀了人，和他侄子项籍一同避仇到吴中[①]。

这时，恰巧秦始皇帝游会稽[②]，正在渡浙江的时候，项梁和项籍同在路旁看热闹。项籍指着秦始皇帝说："我将来可取他天下，代他做皇帝。"项梁立刻掩住项籍的口说道："不要多说。要是给他听到，我们就要全族被他诛戮了。"但是项梁从此以为项籍不是一个平常的人。

项籍身长八尺二寸，力气很大，能够徒手扛鼎，才识气概都比别人高，吴中人没有一个不惧惮（dàn）他。

秦二世元年，陈胜起兵。这年九月，兼做会稽太守的殷通，素来看重项梁的，就请项梁来商量，如何对付这种时局。项梁说道："现在江西一带地方，都背叛秦朝，这也是天意要灭亡秦朝了。在这种时势之下，不如先下手为强。”殷通叹了一口气，说道：“我听说先生是楚国将门之后，那么要先生去做主了。”

项梁说道：“吴中有一个奇人，名叫桓楚，流落江湖，外人都不知道他现在住在什么地方。只有小侄项籍知道他的下落。”项梁说完，当即出去叫项籍，拿了剑站在门外相候。

项梁又进去和殷通说道：“请召项籍来，叫他去找桓楚。”殷通召项籍进去，项梁向项籍眼睛一动，项籍会意，就拔剑将殷通斩了。项梁将殷通的首级，提在手中，佩着印绶（shòu），正要说话，忽然门外有人造起反来，声势汹汹，被项籍连杀了八九十人，才都屈服，再没有一个人敢来反抗。于是项梁召集旧部和所知交的好汉，告诉他们起兵的宗旨，就调动吴中的兵，收服附近的各县，选得精兵八千人，分别编制，项梁做会稽主将，项籍做了副将。

【注释】

① 吴中：现在江苏省苏州市。

② 会稽：现在浙江省绍兴市。

大战钜鹿城

【故事】

秦将章邯，带了许多兵马，渡河而北，大破赵国的军队。

赵王歇和他的将相陈馀、张耳，逃到钜鹿城[①]。秦将王离和涉间紧紧追上，将钜鹿城团团围住。章邯就在钜鹿城的西面扎下营寨，筑了一条甬道，直通到王离、涉间的营中，以便运输粮草。

这时各国诸侯，多出兵来救钜鹿，陈馀又向项羽求救。项羽就将所有的兵，尽数带了渡河。渡过了河，将渡船一只一只地打沉，并将所有的锅子瓶儿打破，庐屋也烧了，只带三日的粮草，表示此番出发，和兵士们下着决心，一齐战死，不再回来。

项羽既然到了河北，围住王离，和秦兵开战。大战了九次，那秦兵运输粮食的甬道，被他截断。

秦兵就大败。秦将苏角阵亡，王离被擒，涉涧不肯投降，也自己用火烧死。

这时楚兵的威势很大，诸侯都不及他。诸侯来救钜鹿的兵，不下十几壁②。但都怕秦兵，不敢出战。当项羽和秦兵交战的时候，诸侯都从壁上冷眼旁观，看到楚兵没有一个不出死力，一个可以抵得秦兵十个。一时呼声震动天地，诸侯的兵士，个个吓得胆落魂飞。

项羽既然大破了秦兵，引见诸侯们。诸侯到项羽的辕（yuán）门，都是跪了进来，不敢抬头。于是项羽就做了诸侯联军的上将军，各路兵马，都归他的节制。

【注释】

① 钜（jù）鹿：就是现在河北省平乡县。

② 壁：就是兵垒。

一个十三岁的小孩子救了一城的人民

【故事】

项羽带了兵马，攻打陈留[①]和外黄[②]。一时攻打不下，过了几天，外黄才降。项羽气极了，就叫外黄的男子年在十五以上的，尽数到城东去，想将他们活活地埋掉。

外黄县官的舍人[③]，有个儿子，年纪不过十三岁。听到这个惨无人道的消息，就直接到项羽面前说道："上次彭越强力压迫我们外黄，外黄怕他的威势，姑且投降，等待大王到来。现在大王来了，又要将外黄的青年壮丁尽行活埋，那么，百姓还有肯归附大王的心愿吗？除外黄以外，梁地还有十几个城池，恐怕都不肯再来投降了。"

项羽听了他的话，觉得很是有理，就放还了预备活埋的许多青年壮丁，带兵东下。睢（suī）阳人听说项羽来了，都争先投降。

【注释】

① 陈留：就是现在河南省陈留镇。

② 外黄：故城在今河南省杞县东。

③ 舍人：官名，县官近身的官差。

胯下的少年拜大将

【故事】

韩信常常跟着淮阴[1]下乡的地保吃白饭。那位地保的妻子，很讨厌韩信，有一天，她在清早人家还没有起床的时候煮饭，煮熟了饭，就坐在被窝中吃了。等到正当吃饭的时候，韩信来了，饭已吃过，不再备饭。韩信也知道她的用意，便不再去吃白饭了，到淮阴城下河边去钓鱼。在河边上有一个洗东西的老婆子，很可怜韩信，给他饭吃。

韩信这样吃了几十天的白饭，和那老婆子说道："我将来如有得意的时候，必当重重地报你大恩。"老婆子很不高兴地说道："做了一个男子汉，不能自己找饭来吃，还说什么空话？我只为可怜你，所以给你饭吃，这完全是我同情心的表现，难道是希望你来报恩吗？"

淮阴市上有一个青年的无赖，要欺侮韩信，说韩信虽生得这么又长又大，喜欢带刀佩剑，其实是一个胆小的人。有一天，在大众之前，侮辱韩信道："你如能够拼命的，便来刺我；不能和我拼命的，便请你从我的胯下钻过去。"韩信呆立着，打量了一番，便屈着身子，钻过那无赖的胯下。一时市上人都笑起来了，笑韩信真是一个懦弱无用的汉子。

等到项梁起兵渡淮的时候，韩信便背着剑去投军。项梁手下的人，没有一个知道韩信是有本领的。后来项梁败了，又归项羽，做了一个中郎的官，屡次向项羽献计策，项羽都没有用。汉王暂管汉中的时候，韩信便从楚转投到汉，汉军也没有重用他。

后来韩信犯了法，照律当斩。他的同道共有十三个人，已经一个个地斩了，将要斩他的时候，他仰起头来一看，正看见了滕公，说道："大王将我们这些有才能的人，一个个斩了，难道不要取天下了吗？"滕公听他的话，说得奇怪，看他相貌，生得也很不平常，便放了他，和他谈话，便很器重他，去同汉王说情，汉王委任韩信为治粟都尉。这时汉王还没有十分看得起韩信。

韩信常常和萧何谈话，萧何很知道韩信是有奇才异能的。后来行军到南郑②地方，汉王手下有许多将领，在半路上逃走了几十个。这时韩信自己也推想：萧何已经在汉王前推荐过我，无奈汉王终不肯重用我。我何必再从汉王呢？——他就决意逃走了。

萧何听说韩信逃了，大吃一惊，来不及去报告汉王，就亲自追上。有人去通知汉王说："萧相国逃走了。"汉王听了，非常难过，好像失了左右手似的。过了一二日，萧何回来，拜见汉王。汉王又气又笑，骂萧何道："你为什么逃走？"萧何说道："小臣不敢逃走，是追一个逃走的人啊！"汉王说道："你所追的是谁？"萧何说道："韩信。"汉王又骂道："将领逃去了的有几十个，你一个不去追他们回来；现在你说去追韩信，这是你说谎了！"萧何说道："那逃走的几十个将领，都是容易求得的人才；至于像韩信这个人，真是天下无双。大王情愿长在汉中做一个小王，当然不必重用韩信；要是想争取天下，那就非重用韩信不可！现在要请问大王：究竟想怎么办?”汉王说道：“我也想向东进行。谁能忍耐着气闷，长长住在这里呢?”萧何说道：“大王打算向东进行，能够信用韩信，他就肯留在这里。不能信用他，他终是要逃走的。”汉王说道：“我听你的话，请他为将。”萧何说道：“大王只叫他为将，他还是不肯留。”汉王说道：“我请他为大将。”萧何说道：“那么，很好。”

于是汉王立刻想去召韩信来拜大将。萧何说道：“大王素来见人，傲慢不讲礼节。现在请他拜大将，好像使唤一个小孩子，这样，韩信就不肯留在这里。大王如果真的要拜他大将，应该选个好日子，很虔诚地设起坛场，备齐礼物，才行。”汉王答应了。

这时汉王的将领们，都很欢喜，自以为得拜大将。到了拜大将的时候，才知道大将不是别人，是韩信，全体将兵们，都觉得奇怪极了。

【注释】

① 淮阴：故城现在江苏省淮安市淮阴区南。

② 南郑：现在陕西省南郑县。

旗子的战争

【故事】

韩信带了兵来攻打赵国，才走到离井陉口[1]三十里的地方，就扎下营寨，休息了。到了半夜，发出一道紧急的命令：要在军中选出轻捷的骑兵两千人，个个拿着一面红色的旗子，从便路沿山而上，探望那赵国的兵营。他告诉他们说道："赵兵见我们去了，必定全营人马出来追赶。这时你们便立刻直入赵国营中，将赵国的旗子拔倒，换上了我们汉军的旗子。"韩信吩咐过了，一面就叫他的副将，催迫军中吃饭，并且和他们说："今天破了赵兵，大家再会餐。"许多将领听了，都莫名其妙，表面上只好答应着一声"是"。

韩信又派一万人马，背着泜水[2]，扎下营寨。赵兵远远望见，都大笑着汉兵的不中用。

天明时候，韩信于是竖起大将的旗，鼓着大

将的鼓，浩浩荡荡向井陉口出来。赵兵就开阵和汉兵交战。大战了好久，韩信等将旗呀鼓呀，都一概抛弃，且战且退，退向背水阵上来。赵兵看见汉军抛弃了旗鼓走，便全营出来争夺旗鼓，追逐韩信。

韩信既退到背水阵上，背水阵中的兵，知道后面是水，不能再退，便拼死命抵抗。这时韩信所预备着的两千骑兵，望见赵军果然全营开拔出来，便突然冲入赵国营中，将所有赵军的旗子，都拔倒，改立了两千面红色的汉旗。

赵军打不下韩信，想回到老营去，不料老营中都竖着红色的汉旗，大吃一惊，以为汉军已经破了赵军了，就骚乱起来，各自逃命去了。赵将虽很严厉地阻止，都没有效力。于是汉军两面夹攻，赵军大败，韩信将赵国的成安君在泜水上杀了。

【注释】

① 井陉（xíng）口：也叫作井陉关，土门关，是一个井陉山上的要隘，在今河北省井陉县的东北。

② 泜（zhī）水：发源河北省元氏县西群山中，东流入槐河。

和父老们约法三章

【故事】

刘邦的兵，打到霸上[①]。这地方和秦的京城长安，相距不过三十里。秦王子婴装作丧家的模样：素的车，白的马，头上还系着一条布，好像要自杀的样子；捧着宝玺、符、节这些东西，在轵道亭[②]近旁的地方，投降刘邦。在刘邦手下的将士，有一个劝他将子婴杀了。刘邦说道："当初楚怀王所以叫我西面来破秦，原是为我能容得下人。而且人已投降我了，我再杀他，那真太狠了。"就不杀子婴。一直向西进兵，到了咸阳[③]。这地方是秦朝宫殿所在，刘邦很想在此驻足。后来樊哙和张良劝他，不要贪这暂时的安乐，失却远大的功业。便将秦朝遗留下来的贵重财货宝物，都封起来保存着，一面回到霸上。召集各地有势力有知识的人来，告诉他们说："各地父老，受秦朝法令的虐待很久了！秦朝是不许人民谈论时政，如谈论时政，便要全族诛戮；也不许两个人在一起说话，说话也要杀头，真是惨无天日。我曾和诸侯相约：谁先到关中，谁就做关中王。现在我先到关中④，当然关中王是我了。现在，我和父老约法三章：

（1）杀人的要抵命；

（2）伤害他人身体的要抵偿罪过；

（3）盗取他人的财物的也要抵罪。

其余的秦法，一概除去。我到此地来，是为父老除害来的，并不是来祸害你们的，父老们不要害怕。”就叫人和秦朝的旧官吏同到各县各乡，晓谕百姓，百姓都非常欢喜，大家争先恐后地拿了牛肉、羊肉、美酒等来欢迎官兵。刘邦都谢绝了不受，说道：“官仓里的米很多，官兵都有得吃，不要百姓多费钱。”于是百姓益加欢迎，唯恐刘邦不做秦王。

【注释】

① 霸上：地名，现在陕西省西安市长安区东。

② 轵（zhǐ）道：地名，现在陕西省咸阳市东北。

③ 咸阳：就是现在陕西省咸阳市。

④ 关中：就是现在陕西中部。因为地在函关、陇关的中间，故称关中。

大风歌

【故事】

刘邦本是沛人，既然做了皇帝，破了黥（qíng）布的兵回来，经过沛县，就在行宫中摆起筵宴，将父老子弟及素来认识的人，都召集进来陪饮。又选派沛中年轻的孩子一百二十个，教他们唱歌。等到大家喝得够了，刘邦起来击着筑[①]，自己唱道：

“大风起兮云飞扬，威加海内兮归故乡。安得猛士兮守四方！”

他叫孩子们都和着他唱，又很慷慨地起舞。

他和故乡老幼在此宴乐歌舞，那一种留连故乡的情绪，缭绕在他的心头，反使他不知不觉地悲伤起来，掉下几行眼泪，和那在席的父兄说：“游子顾念故乡，虽都在关中，但我死后，魂魄还是依恋着沛。况且我从做沛公起，除暴诛逆，统一天下，沛是我发祥之地。就将此地的赋税，供我汤沐[②]之具，还给百姓，世世免收。”

沛中父老和刘邦天天欢饮，话旧为乐，过了十多日，刘邦要走了，父兄极诚恳地留他。他说道：“我带来的人马众多，久驻在此，恐怕父兄们不能供给吧！”便决意动身起马。沛中全县的人，都各拿各的土酒等物，大家向西送行。刘邦又留止三日，和大家痛饮而别。

【注释】

① 筑：古乐器。

② 汤沐：就是沐浴。古时王侯的封地，称汤沐邑，意思是供斋戒沐浴之用。故“供我汤沐”有“给我作零用钱开销”的意思。

贯高终于自杀了

【故事】

赵王张耳死后，他的儿子张敖继立为王。敖的王后，是高祖的长女鲁元公主。

有一年，高祖从平城[①]经过赵国，赵王敖奉侍高祖，非常恭敬：早晚都是自己亲手进食，不失做女婿的礼节。高祖却非常放肆，要说就说，要骂就骂，一点儿不客气。

赵王的老臣贯高、赵午二人，年纪都六十多岁了，本来是先王张耳的上客，看见高祖这样傲慢，未免动气，说道："我们的王，真是懦弱极了！"就去和赵王说："当初天下豪杰，大家起来革命，有能力的，先立为王。我们赵王和汉王，原是一样身份，如今大王奉侍皇帝，极其恭敬；那皇帝对于大王，简直如此傲慢。请替大王杀了他吧！"赵王听了这话，发起急来，立刻把自己的手指啮（niè）出了血，说道："你何以说出这种荒谬的话来？我的先王，亡了国，全靠皇帝的力，恢复过来。我们子孙，能享此荣华，这都是皇帝的恩典。此后，请你再不要多说了。"

贯高等十几个人，大家商量道："我们错了！我们的国王，是个忠厚君子，不肯忘人恩德，但是我们，万不能受人侮辱。现在皇帝竟如此侮辱我们的国王，我们就自己去杀他，何必牵累着国王呢？这事成功，当然归王；这事失败，就自己去受罪罢了。"

第二年，高祖又从东垣②经过赵国。贯高一伙人，很秘密地在柏人县的路上，暗伏着兵士，想劫杀高祖。高祖走到柏人县，正要在那里歇宿，忽然心动，觉得别有缘故，便问："这县名叫什么？"有人回答说："是柏人③。"高祖附会"柏人"为"迫人"，就不宿而去。

后来贯高的冤家知道这个密谋，就去告发。于是高祖大怒，下令捉拿赵王，许多共同谋反的像赵午等十几个人，知道大祸已临头上，个个都自杀。贯高独怒骂他们道："哪个叫你们谋反？国王实在未曾预闻，现在也捉拿在内。你们都自己寻死了，还有谁替国王申明这不白之冤呢?”就坐囚车，和赵王同上长安。

贯高在廷尉④面前审问的时候，直认不讳，说道:“完全是我们十几个人的主意，与国王无涉。”廷尉不从，拷打他数千重板，又用火器来烧灼，弄得他体无完肤，他始终不说别的话。

这时吕后也屡次向高祖求情，说:“张敖和鲁元公主是有夫妻的关系的，绝不至会有反叛的事情。”高祖忿忿地说道:“倘使张敖果然能够据有天下，做起皇帝来，难道还少你的一个女儿吗?”

后来廷尉将贯高的口供去报告高祖，高祖说道:“这是一个硬好汉，当堂是不肯说的，当用和婉的言语去问他。”中大夫泄公，在旁说道:“我也知道这位贯高，他是赵国最讲名誉，不肯失信义的人。”高祖就特派泄公去盘问他。

贯高已受了重刑，不能行动，坐在竹轿里，见了泄公慰劳周旋，和平日一样。泄公于是就问贯高:“赵王究竟有无参与密谋?”

贯高说道:“人情是没有一个不爱怜他的父母

和妻子的。现在我的三族，都已定下死罪了，我难道不知道将赵王来替我的亲属抵罪吗？但说良心的话，赵王实在是不曾预闻这事，都是我们出的主意。”就将谋刺高祖的一切情形，告诉给泄公。泄公就将他的话奏闻高祖，高祖才知道赵王敖确是冤枉的，就赦了他的罪。又因为贯高讲名誉，重信义，也叫泄公传命赦他的罪，说道：“赵王已恢复自由了！皇上赞许足下的高义，就赦了你罪。”贯高说道：“我所以不死的缘故，是来申明赵王的冤枉的。现在赵王已经恢复自由，我的责任，就此完了。而且为人臣的，已经负了图谋篡弑的罪名，难道还有颜面再来奉侍皇上吗？”终于自杀了。

【注释】

① 平城：县名，它的故城，在今山西省大同市东。

② 东垣（yuán）：县名，就是现在河北省正定县。

③ 柏人：地名，现在河北省邢台市西，有柏人故城。

④ 廷尉：官名，管刑狱审判。

五百个人一齐自杀

【故事】

高祖既然征服齐地，齐王田横恐怕高祖害他，带了他五百个人，逃到海岛上去。

高祖听了田横逃入海中的消息，心里很是害怕，以为田横兄弟，本来是平定齐地的，齐地一班贤人君子们，多归附他。现在他逃到海中，不设法去收服他，将来恐怕他再来报复。因此就特派一员使臣，到海上去，特赦田横的罪，叫他来朝。

田横一时不肯来，托使臣谢谢高祖说道："我已经杀死皇上的使臣郦食其[①]。现在听说食其的弟弟郦商在皇上跟前，很有势力，我实在有点儿害怕，不敢奉命前来。情愿做个平民，老死在荒岛中。"

那使臣回来报告高祖。高祖就关照卫尉郦商

说道："如果齐王田横来，你不能挟怨报仇。万一手下人有敢多事的，全家诛戮。"一面再派使臣拿了使节去招收田横道："横来！大点儿封你为王，小点儿也可以封你为侯。如果不来，就派兵来讨伐你。"

于是田横和他要好的两个客人，乘了车，向洛阳进发。到了尸乡[②]的驿站上，田横和那高祖派来的使臣说道："京城快到了。但我去朝见皇上，应当洗一洗澡，理一理发，我想在此休息了。"背地里又和同来的两个客人说道："我和汉王本来并肩南面称王，资格是一样的。现在汉王做了皇帝；我呢，却逃来逃去，似个罪人，要北面去服侍他，已经觉得惭愧极了。而且我曾经杀死那姓郦的老兄，成了冤家，现在又要和那冤家的弟弟，并肩服侍同一个主人。就是那冤家的弟弟受了皇上的关照，不敢和我为难，但是我的心里，岂有不羞愧的吗？——皇上所以一再要叫我去的缘故，无非要见我一面罢了。皇上在洛阳，离此不过三十里路，现在将我的头颅砍了，送去见皇上，面色还不至于变坏吧！"说罢，就一刀自杀，遗嘱二位客人，拿了他的头颅，和使臣同去奏闻高祖。

高祖知道田横自杀，赞叹了一番，也流了些眼泪，就委任二客做都尉，派工兵两千人，用国王的丧礼为田横治丧。

田横既然葬了，那两个客人，情愿跟着田横同死，就在田横的墓旁，都自杀了。

高祖知道这个消息，大吃一惊，以为田横的客人，都是这样的忠义，其余还有五百个人在海中岛上，将来恐怕未必不为田横报仇。再派使臣去招呼他们来。那五百个人，听说田横已经自杀，也就一起自杀。

【注释】

① 郦（lì）食（yì）其（jī）：陈留高阳人。

② 尸乡：也叫作亳城，现在河南省偃师市西。

朱家救季布

【故事】

楚人季布常常受项羽的命令，将兵和汉王为难。

等到汉王灭了项羽，做了皇帝，便悬赏千金，通缉季布，如果有人藏匿季布的，三族受罪。

这时季布躲避在濮阳[1]姓周的家中。姓周的说道：“汉政府缉捕将军，非常紧急，不久就要探查到此。我有一计，不知道将军肯听我否？如不听我，我就要趁早自杀了。”季布允许他的计划，就削除了头发，穿上一件毛布的衣服躲在一辆丧车中，和其他的家僮数十个人到鲁国去卖给朱家。

朱家知道穿毛布衣服的是季布，就买了他，叫他住在田舍中。一方面自己亲到洛阳，去拜见汝阴侯滕公，说道：“季布有什么罪？大凡做臣子的，能够为他的主人尽心尽力做事，就算是好的了！季布从项王将兵，是很出力的。现在因为他从前为项王出力，曾和皇上为难，皇上便要杀死他。那么，项羽的臣子，何止季布一人？难道都要杀死他们不成？而且皇上新得天下，万不可为了些私仇，就要杀他，给人家一个‘气量太小’的话柄。季布是有才具的人。汉政府追拿他厉害的话，他不到北边的胡去，就要到南方的越去。逼走了这种壮士，给敌人去利用，这和伍子胥②发掘楚平王的墓是一样的结果了。你何不好好地和皇上说个明白？”

滕公心里知道朱家大侠的意思，季布就是躲避在他的家中，便允许了。得有机会，就将朱家所说的话，告诉汉王。汉王就将季布的罪赦了。

【注释】

① 濮（pú）阳：地名，它的故城，现在河北省濮阳市南。

② 伍子胥：他的父亲伍奢，为楚平王所杀。子胥逃避到吴国，教吴伐楚。这时楚平王已经死了。后来吴兵破楚，子胥就将平王的墓发掘，在平王尸首上责打了三百鞭，报复父仇。

吃麦屑的陈平和富人做亲

【故事】

陈平家是种田的，生活很贫苦。但陈平长得又高又美。有人说："陈平是穷人，他吃什么，竟长得这样好看？"

陈平的嫂嫂，心恨陈平不肯治理家事，便说道："他也是吃麦屑饭的啊！有叔如此，还不如没有的好。"陈平的哥哥听到这话，就将妻子离弃了。

陈平既然长大了，应该配亲。但有钱的嫌他穷，不肯嫁他；没有钱的，他也不要。后来户牖（yǒu）的富人名叫张负的，有一个孙女儿，嫁了五个丈夫，都死了，人家怕她命凶，都不敢和她求婚，但陈平却很想娶她。

地方上有一家人家开丧，陈平因为贫穷的缘故，在那边帮忙，很早地去，最迟地回来。张负在丧家，见了陈平的状貌奇伟，非常赏识他，等到陈平回来的时候，就跟着去看看陈平的家。陈家在负郭①的穷巷里，以席为门，破落不堪，但门外却很多贵人的车辙②。

张负看了，回去和他的儿子仲说道："我想把孙女儿嫁给陈平。"

仲说道："陈平穷人，又不会治理家政，地方上人没有一个人看得起他，为什么要把女儿嫁给他呢？"

负说道："难道像陈平这样的美男子，会贫苦到老吗？"终于把孙女儿嫁给了陈平。

【注释】

① 负郭：就是背着城郭的地方。

② 辙（zhé）：是车轮经过的痕迹。

期……期……不奉命

【故事】

周昌很是忠直，不管皇帝不皇帝，要说便说，萧何、曹参这几位大臣，都很尊敬他。

有一天，他到高帝的寝室里去奏事，看见高帝抱着戚夫人，他便退出去了。高帝急忙赶出来，追上周昌，骑在他的颈项上问道："我是何等样的皇帝？"

周昌仰起头来说道："陛下是桀纣①一类的皇帝。"高帝对他笑笑罢了。从此高帝尤其敬畏周昌。

后来高帝想废去太子，另立戚夫人所生的儿子如意做太子。当时在朝的大臣，无不竭力劝诫，都不生效力，周昌在当庭争执得尤其厉害。高帝问他道："你有什么理由，不赞成我废去太子？"

周昌本来是口吃的，这时又加上发怒气急，

更说不出话来。说道：“臣不能说出什么理由，但做臣子的心里是知道这是期期[②]……不可的。陛下要废太子，做臣子的期……期……不奉命……”

高帝听了他的说话，不觉笑起来了，就不废太子。

【注释】

① 桀纣：是古时候的暴虐君主。

② 期期：楚人说极为期，期期就是口吃的重言极极。

人彘

【故事】

高祖得了戚夫人，非常宠爱，生下一子，就是赵王如意。戚夫人常常要求高祖立如意为太子，因此极遭吕后妒忌。

后来高祖死，吕后的儿子惠帝立，吕后做了皇太后，就将戚夫人监禁在永巷，剃去她的头发，着上赭衣，叫她和犯死罪的人一起做工舂（chōng）米。

戚夫人一面舂，一面歌唱道：

“子为王，母为虏，终日舂，薄暮常与死为伍。相离三千里，当使谁告汝！”

吕太后听得这歌，非常震怒，说道：“她想依赖她的儿子吗?”就去召赵王如意来，想杀死他。

派人去召赵王三次，赵相周昌终不肯放赵王来。吕太后就一面去召赵相，等到赵相到了长安，又派人去召赵王。赵王无人阻止，就莫名其妙地来了。惠帝是很仁慈的，知道太后要杀害赵王，极力保护，亲自到霸上来迎接赵王，和赵王同在宫中，起居饮食，都不离开。如此过了几个月，弄得吕后难下毒手。

有一天，惠帝一早出去打猎，赵王因为贪睡，不能同去。太后探知赵王独在宫中，就使人拿了毒酒，叫赵王喝。等到惠帝回来，赵王已经死了。太后一面又将戚夫人的手足断去，眼珠挖出，耳朵熏聋，嗓子药哑，推落到厕所中，给她取个名儿，叫作“人彘”①。过了几个月，太后召惠帝去看人彘，惠帝见了，得知这就是戚夫人，不觉大哭起来。从此惠帝就病了，病了一年多，还不能起来，使人对太后道：“这种事，不是人所做的。我是太后的儿子，情愿仍为太子，请太后代治天下吧！”

【注释】

① 彘（zhì）：就是猪。

左袒右袒

【故事】

吕太后的两个侄子，一个叫作吕禄，官为上将军；一个叫作吕产，官为相国；都是有兵权、政权的。但是汉朝有规矩：不是姓刘的，不能封王；没有大功的，不能封侯。吕禄和吕产二人做了这样大的官，实在全仗吕太后的势，违背规矩的。等到太后死了，他们俩怕被大臣诸侯们为难，便设法叛乱。

这时齐王的儿子朱虚侯刘章在京师，因为他的妻是吕禄的女儿，就知道吕禄的秘密。于是一面让人去密告齐王，叫他发兵向西进攻；自己和太尉周勃、丞相陈平为内应，以除灭那许多姓吕的。

齐王得信，就发兵向西进攻。产、禄兄弟，特命大将军灌婴迎头痛击。灌婴到荥阳①，反使人去告诉齐王，情愿双方联合。

太尉[2]周勃，既然入了北军军门，便通令军中道："投附吕氏的右袒[3]，投附刘氏的左袒。"全军都左袒。于是北军都服从周勃了。但是还有南军，未曾解决。丞相陈平召朱虚侯刘章帮助周勃，勃令章监守军门，一面又使平阳侯曹参去密告卫尉，不许放相国吕产进殿门。这时吕产还不知道吕禄已经放弃北军，想入未央宫篡位，不料到得殿门，不许进去，于是踱来踱去，非常彷徨。平阳侯知道了，便飞奔通知太尉勃，勃还怕不能对敌，不敢公然说杀，和朱虚侯章说道："快进宫去，保卫皇上。"章向勃请得兵士千名，从未央宫旁门进，见吕产在庭中，就向吕产攻击，产逃，这时天刮大风，吕产手下的兵士们，都心慌意乱，没有一个敢对敌。吕产就被他追到郎中府的厕所中，杀了。

刘章既然杀了吕产，皇上就使谒者拿了节来慰劳刘章，就和谒者同车用节为凭，又得进长乐宫，将卫尉吕更始杀了。回到北军，报告太尉勃，勃起来拜贺刘章的成功，说道："所怕的只有吕产，现在已杀了，天下便无事了。”于是杀吕禄、吕媭④。还有那许多姓吕的男女，无论小的老的，都杀个干净。

【注释】

① 荥阳：故城在今河南省荥阳市。

② 太尉：官名，总管武事，名位和丞相相等。

③ 袒（tǎn）：卷起袖子，裸露出手臂叫做袒。

④ 媭音 xū。

勇敢的李陵

【故事】

李陵带领五千步兵，去讨伐匈奴，取道居延，向北走三十日，到了浚稽山，扎下营寨，将沿路的山水形势画了图形，叫属下的骑官陈步乐回朝报告。步乐见皇上的时候，极说李陵用兵有法，兵士们个个都肯出死力。皇上听了，很为喜欢，就拜陈步乐为郎。

李陵既到了浚稽山，那匈奴的首领单于（chán yú），率领三万骑兵，前来围攻。李陵兵驻扎在两山间，用大车为营，这时李陵带领着兵士到营外排阵，在前行的拿戟盾，在后行的拿弓弩。排好了阵，发令道："听得鼓声，便向前进攻；听得钲①声，便停止作战。"

匈奴兵见汉兵人数不多，便向前进攻，李陵徒手应战，一时汉兵千弩并发，那匈奴兵多应弦而倒，其余的都逃上山，汉兵追上去，杀了几千人。单于大为恐慌，立刻召集左右的骑兵六万人，合力还攻汉营，李陵自知不能抵御，便一面战，一面向南退。过了几天，到了山谷中，那些连天作战的兵士们，身受三伤不能行动的，卧在辇②中，叫人挽了走；受二伤，伤势较轻的，扶入车中，叫人推了走；受一伤的，仍须拿着军器应战。

这时李陵觉得兵气少衰，鼓动不起来，很怀疑地说道："这也许有别的原因吧！"——原来出兵的时候，关东群盗的妻子得罪充配，多跟着兵士们做妻子，躲在车中。这时李陵搜得了许多妇女一一杀了，再和匈奴战，果然大胜，斩了三千多个首级来，就引兵向东南，依着旧龙城路上走。走了四五日，到了一个大湖中，四面都是芦苇，那匈奴兵就从上风放起火来，陵也叫军中放火烧去附近的草木，使敌方的火力不能延引过来；又引兵南走，到了一座山下，单于却在南山上叫他的儿子带了骑兵和汉军战。汉军徒步和他们战于树林间，又斩了千人，而且连射单于，单于下山逃了。

【注释】

① 钲（zhēng）：形状大略如钟。

② 辇（niǎn）：凡车用人力挽的叫辇。

可怜的李陵

【故事】

这天汉军捉得一个匈奴，他说：“单于自己在那里说：‘这是汉的精兵，打他们不下的。他们日夜引我向南退去，近塞地方，恐怕有什么埋伏吧！’单于以下的许多酋长，都说：‘单于自己带了几万大兵，攻打这几千的汉兵，如果不能得手回去，以后汉人更看不起匈奴了。请在山谷间再拼命和汉军一战，若南去四五十里到得平地，仍不能大破汉军，那就回去。’”

李陵听得匈奴人的报告，心里又喜又急。这时匈奴骑兵很多，和汉军作战，一日之内有几十回，汉兵又杀伤匈奴兵三千多人。匈奴因战事不利，正想退去，适值有一个曾充李陵军侯名叫管敢的，因为被校尉所侮辱，逃降到匈奴，就对匈奴人说道：“李陵的兵是没有后援的，而且弓矢快要用尽了。只有李将军属下和成安侯校韩延年各有八百人为前锋，用黄色旗和白色旗。你们用骑兵快箭去攻打他们，就可破灭了。”

单于得了管敢的报告，非常快乐，立令骑兵们向汉军开战，大声呼号着说：“李陵、韩延年快快出来投降。”就拦住汉军，攻打得非常猛烈。陵军在山谷中走，匈奴兵在山上追，乱箭四面射下，好像大雨一般。汉军仍向南走，未到鞮（dī）汗山，不过一日，五十万的箭，已经用尽。这时汉军还有三千多人，兵士们手中没有兵器，只好将战车毁了，各人拿取车辐（fú）当兵器；军吏们只拿着短刀应战。既到了鞮汗山，入峡谷中，单于兵从后追上，在山上放下垒石，汉兵多被压死，再不能走了，便扎下营寨。这天黄昏后，李陵穿着便衣，独自走出营来，并且不许左右人跟他，说道：“大丈夫当独手擒单于呵！”

过了好久，李陵又回来长叹道：“兵败，死吧！”军吏中有人劝他道：“将军威名震动匈奴，如果时运不好，不妨暂留匈奴，将来得便，仍可回汉。像那浞野侯①曾为匈奴所擒，后来回汉，皇上仍收容他，何况将军呢！”李陵道：“你不要多说，我不死，就算不得大丈夫。”于是将旌旗斩了，珍宝埋了，叹口气道：“要是再得有几十支箭，就可解围逃脱。现在没有兵器可以应战，到了天明，只好坐着受擒了。军士们还不如各自逃生去，或者可以逃脱许多，回去报告皇上。”就令军士每人各备糒②二升、冰一块，各自逃生，到那遮虏障的地方相会。

夜半打鼓，催军士走，这时鼓都没有声音了。李陵和韩延年都上马，军士同走的共有十几个人。那匈奴兵却有几千骑从后面追杀上来，韩延年战死，李陵也再不能支持了，便哭道：“我还有什么面目归见皇上呢？”就下马投降匈奴。

【注释】

① 浞（zhuó）野侯：就是赵破奴。

② 糒（bèi）：就是干饭，行军时所备的粮。

终于不肯投降的苏武

【故事】

苏武和张胜、常惠等奉汉帝的命令到匈奴去，适值有人在匈奴谋反①，苏武等都受了嫌疑。匈奴单于叫投降的汉臣卫律来劝苏武等投降。苏武和常惠等说道："屈节辱命，就是活着又有什么脸面回汉去呢？"就拔出所佩的刀自杀。卫律等大惊，急起抱着苏武，一面去叫医生，一面用急救法给他救治，苏武这才还魂转来，常惠哭着将他抬回营中。

单于从此愈加看重苏武，早晚派人来侍候。苏武的病，也渐渐好了，单于又派使臣来晓谕苏武，叫他投降，适值这时判决那些谋反的罪犯，单于就想在此时威逼苏武投降，就当场杀了虞常。卫律和苏武说道："汉使张胜等谋反，罪当杀，但单于对于情愿投降的，就可免罪。"说了，拔剑对张胜作势，胜就情愿投降。于是卫律对苏武说道：“和你同来的副使有罪，便也当坐罪。”苏武说道：“我本没有和他同谋，他又不是我的亲属，有什么坐罪不坐罪？”终不肯屈服。卫律就拔起剑来，向苏武作势，说道：“苏君！律自从背汉归匈奴，幸蒙单于大恩，赐我王号，带兵几万，马畜满山，居然富贵如此。苏君，如果你今日肯降，明日就可富贵和我一样。如将此身空死在草野沙漠之乡，又有谁来记念着你呢？”苏武终不睬卫律。卫律又说道：“苏君！你今天听我的话，投降匈奴，我们当然和兄弟一样。否则，从此以后，你再也不容易见我了。”苏武听了，破口骂道：“你是汉臣，不顾恩义，背叛君亲，做一个蛮夷的降虏，这种不知羞耻的东西，我要见你做什么呢？而且单于相信你，使你来判断这番叛案，你不能平心持正，反诬杀汉使，从中挑拨，倘因此汉和匈奴发生战祸，都是你的罪过。你要知道那南越杀汉使的，屠为九郡；宛王杀汉使的，头颅挂在北阙；朝鲜杀汉使的，立时诛灭；独匈奴未曾杀过汉使。我是终不肯投降匈奴的，大概你也知道，万一你强迫我投降，除非你便杀了我，那么，匈奴的祸患，恐怕就要由我开始了。”

卫律知道苏武终不肯投降，前去报告单于。单于愈想苏武投降，就将苏武监禁在地洞中，不给他饮食。这时天下大雪，苏武饿了，将雪块和旃毛一齐吞咽充饥。过了几日，匈奴人来看苏武还不饿死，奇怪极了，以为他是神仙。又将他迁移到北海上没有人迹的地方去，使他放牧雄的羊，说道：“羊能够产生小羊的时候，你才可回去。”

苏武既到了北海上，没有人给他食物，他就掘野鼠采草实充饥，手里仍是拿着汉节[②]，在那里牧羊，无论卧起，都不放手，竟至节旄都纷纷脱落尽了。

后来匈奴和汉结亲，汉要匈奴放还苏武等，匈奴诳（kuáng）说苏武等已经死了。不久汉使又到匈奴，从前和苏武同到匈奴的常惠，这时混入守兵中，夜间就得和汉使相见，自己报告在匈奴的经过，并教汉使和单于这样说：“天子在上林中射得一雁，足上系着一件帛书，写明苏武等现在某泽中。”

汉使听了大喜，就照常惠所说的去责备单于。单于非常惊奇，瞪着两眼向左右人看了好久，只好向汉使谢罪，说道："苏武等实在某泽中。"于是始将苏武放还归汉。

【注释】

① 缑王和长水虞常等，都是留在匈奴的汉臣。他们正想劫单于母与阏氏（yān zhī）归汉，适值苏武、张胜等到匈奴，虞常在汉时素来和张胜相好，就大家同谋举事。不过苏武却不曾与闻这事。

② 节：就是旄（máo）节，编旄牛尾于竹竿为之，形状像竹节。古时出使的人持有此物。

争座位

【故事】

文帝游上林苑，皇后和慎夫人同去，她们在宫中，总是并坐并行，不分什么上下的。这时上林的郎署长摆布座位，有个名叫爰（yuán）盎的，却将慎夫人的座位，退在皇后之下。慎夫人大不高兴，回去不肯坐，文帝也恼怒得要走了。于是爰盎上前奏道："做臣子的听说尊的卑的各守本分，便上下和睦。现在陛下既经立了皇后，那么，慎夫人就在妾的地位。妾和主妇哪里可以并坐的呢？如果陛下宠爱慎夫人，就多赏赐给慎夫人，如今要宠爱慎夫人和皇后一样，恐怕反害了慎夫人。那人彘的故事[①]，大概陛下还知道的吧！"

文帝听得这话有理，便进去和慎夫人说明，慎夫人也很以为然，重重赏赐爰盎金五十斤。

【注释】

① 人彘的故事：汉高祖宠爱戚夫人，吕后忌妒她，等到高祖死后，就设法将戚夫人手足切断，眼珠挖去，耳害聋，口药哑，弄得和猪一样，叫她作“人彘”。

几乎斩了

【故事】

文帝命申屠嘉[①]为丞相，嘉为人廉洁正直，如有私事相请托的，概不延见。当时有一位太中大夫邓通[②]，正为文帝所宠爱。有一天申屠嘉入朝，邓通在文帝的座旁，很有傲慢的神气。申屠嘉奏事完了后，和文帝说道："陛下宠爱群臣，当然可以使他们富贵，但在朝廷之上，似乎不可不规矩一点。"文帝说道："你不必多讲，他是我所爱幸的。"

申屠嘉退朝后，回到府中，出了一道檄（xí）书，召邓通到丞相府讲话，如过期不来，便斩。邓通怕极了，上去报告文帝。文帝说道："你去就是，我马上派人去召你回来。"

于是邓通脱了帽，赤了脚，装作罪犯模样，走到申屠嘉的面前，叩头谢罪。嘉端坐着，不和他为礼，而且责备他道："朝廷是高皇帝的朝廷，邓通——你不过是一个小臣，竟敢在殿上戏弄，这是大不敬，依法当斩。"说了，便叫手下人将邓通推出去斩了。邓通叩头乞命，头都出血了，申屠嘉终不睬他。

文帝料想这时邓通必受丞相责罚了，命人拿了诏书去召他回来，并且谢谢丞相道："这是我的弄臣，你且饶了他吧！"邓通回来见文帝，哭着说道："丞相几乎将臣斩了。"

【注释】

① 申屠嘉：梁人，从高祖平定天下，在汉是很有功劳的。

② 邓通：汉南安人，富有铜山，可以自铸钱流通国内。

真是一个忠厚长者

【故事】

直不疑，南阳人，他为郎[1]的时候，有一个同住的告假回去，无意中将另外一个同住人的金拿去了。不久，那个失金的人知道了，很疑心直不疑偷窃，不疑也就直认着说："是我拿的。"很爽快地把金赔偿他。

后来，那告假的人回来了，将误拿的金，如数归还。那失金的才知道从前冤枉了不疑，大为抱歉。同住的人大家都称不疑真是一个忠厚长者。

【注释】

① 郎：是汉朝官名，比中大夫低一级。

不拜啬夫

【故事】

张释之从文帝到虎圈[①]去，文帝召上林尉[②]来前，问他禽兽现有多少。问了十几次，那上林尉白着眼睛，一句也回答不出。那虎圈啬夫[③]从旁一一代尉回答，非常清楚，他想从此显现他“应答如流”的本领。

文帝说道：“为吏不当这样的吗？尉真是无用之材。”就诏令释之，拜那啬夫做上林令。

释之上前对文帝说道：“陛下以为绛侯周勃是怎样的人？”文帝道：“君子人。”释之又问道：“陛下以为东阳侯张相如是怎样的人？”文帝道：“也是君子人。”释之道：“绛侯和东阳侯都是君子人，但他们两人议事时，却都是不善于说话的。岂像这啬夫善于花言巧语的吗？”文帝道：“是的。”就不拜啬夫。

【注释】

① 虎圈：是养兽的地方。有人说汉兽圈在未央宫中。

② 上林尉：就是掌管兽圈的。

③ 啬夫：是兽圈里饲养兽畜的小吏。

张廷尉判得不错

【故事】

有一天，文帝出行到中渭桥[①]，忽有一人从桥下逃过，乘舆[②]的马，见了惊跳起来，骇得文帝魂不附体。文帝就命骑兵追捕那人，交廷尉治罪。

廷尉张释之审问之下，知道那人是长安人，路过此地，听说皇上车驾来了，就躲避在桥下，躲避了好久，以为车驾已经过去了，才敢出来，不料仍冲犯了乘舆，所以才逃跑的。释之得了口供，还奏道："此人犯跸[③]，罪当罚金。"

文帝发怒道："此人惊动我的马，幸亏马是和柔的，要是换一匹马，岂不是伤害了我吗？现在廷尉处他罚金的罪，这算什么话呢？"释之道："国法是皇上和天下的百姓们所当共守的，现在按照国法定罪，不过是罚金。若不照国法，任意加重，那么百姓们便不相信了。倘在出事的时候，陛下就叫人就地格杀了他，倒也罢了。如今交给廷尉审判，廷尉是最高的司法机关，若不守法，天下用法都可以任意加重或减轻，百姓们便要乱起来了。请陛下明察。”过了好久，文帝说道：“廷尉判得不错。”

后来有一个人偷了高皇帝庙座前的玉环，被管庙的捕获了。文帝就交给廷尉审判。释之就按照盗取宗庙御物的罪判决此人死刑，奏上，文帝大怒道：“此人大不敬，敢盗取我先帝的礼器，我所以交廷尉审判的，原意要将此人灭族。现在你不过照法判罪，这不是有负我奉承宗庙的意思吗？”释之就脱了帽，叩头谢罪道：“国法如此，也就够了。而且同是盗取先帝礼器的罪，也要看情迹分轻重的：譬如现在盗取宗庙坐前的礼器，便要灭族；万一有人开掘长陵④盗取宝物的，陛下将用什么刑法去惩办他呢？”

文帝听了这话有理，就和太后说明，许可释之的判决。

【注释】

① 中渭桥：据《长安县志》说，在咸阳县东南二十里，本名横桥，架在渭水上。

② 乘舆：就是从前皇帝出行时乘坐的车驾。

③ 跸（bì）：就是警戒行人不许通过。

④ 长陵：是汉高祖的陵墓。

好一对佳人才子

【故事】

司马相如字长卿，家贫，没有什么产业，但和临邛[①]令王吉，素来是相好的。

一天，王吉来招呼司马相如道："长卿，你东奔西走，都不能得意，穷到如此，还不如到我这里来。"于是相如到临邛去，先住宿在都亭中，临邛令故意装作恭敬，天天去拜访相如。相如也故意摆起架子。起初令来便见，后来就推说有病，只叫底下人代表见客，王吉从此态度益加装得恭敬。

临邛地方，多是有钱的人，卓王孙尤其富，家有八百人。此外程家和郑家，也有家僮几百人。这些富翁听说王吉有一位贵客，便设筵欢迎，并请王吉作陪。

及卓王孙请客，来宾有一百多人，等到日中，相如推说有病，还不曾来。王吉就自己去迎接相如，相如才迟迟而来。相如一到，满座的宾客，无不倾慕他的丰采。

大家既喝醉了酒，临邛令便向前奏琴道：“听说长卿爱好此物，愿一献丑！”相如谢不敢当，也奏了一二曲。

卓王孙有个女儿，名叫文君，才死了丈夫，留在母家，她也爱好奏琴。所以相如故意和令互相推重，用琴音来挑动她。——相如时常乘马出入，态度雍容闲雅，相貌很是华美。这次在卓家奏琴的时候，文君从门后偷看着他，非常心爱，唯恐嫁不得相如这样的人才。

散席后，相如背地叫人重赐文君左右，和文君通殷勤。文君就在夜间，投奔到相如寓所，一同收拾行李，逃归成都[②]。相如家除四壁外，真穷得一点儿东西也没有。

卓王孙知道这事，气得不得了，说：“这种不争气的女儿，我虽不忍杀死她，但我的钱，是一个也不愿分给她的。”

文君和相如住在成都好久，也有点儿苦得不

快意起来了，和相如说道："我们俩且回到临邛去，到得临邛，从兄弟们通借一点儿，也可度日，何必自己这样受苦呢？"因此相如和文君同到临邛，将车马尽数卖去，开设一家酒店，就叫文君做个管店的，相如自己穿着短脚裤，和小伙计们当街洗濯（zhuó）碗筷。

卓王孙看见相如和文君，这样不顾体面，恐怕人说闲话，不敢出来。兄弟们却都来劝告卓王孙道："卓家所缺的不是金钱，现在文君既嫁了司马长卿，长卿原是一个多才有学问的人，虽是贫苦，但是他的才能，却还靠得住的，而且又是王令的贵客，何必这样看不起他呢？"卓王孙不得已，就分给文君僮仆一百人，钱百万，以及她嫁时的衣服财物等。文君于是和相如满载而归，到成都买田宅做富家翁了。

【注释】

① 临邛（qióng）：就是现在四川的邛崃市。

② 成都：就是现在四川的成都市。

牧羊的卜式（一）

【故事】

卜式[1]家以种田牧畜为业。卜式等到他弟弟长大了，就脱离家庭，所有田宅财物都归他弟弟，他只取了一百多只羊，入山牧畜。过了十多年，羊有一千多只了，于是买田宅，成了富家。他的弟弟，这时却已破产，卜式又屡次分财产给他。

当时汉正和匈奴有战事，费用浩大，卜式就上书政府，情愿将私有的财产半数助作军饷。皇上很以为奇，使人问卜式道："你要做什么官？"卜式道："我从小是牧羊的，不懂做官，官，我不要做！"又问卜式道："你家莫非有冤枉的事，要想申诉吗？"卜式道："我生平不和人争。乡人穷的，我借贷给他们；有不驯良的，我好好地教他。我所居住的地方，居民都很服从我，我有什么冤枉？"又问他道："那么，你究竟要些什么呢?”卜式道:“现在皇上讨伐匈奴,我以为有才勇的,当赴前敌;有钱财的,当助军饷。照这样儿,那匈奴就可灭了。”使人回来,将情况告诉了皇上,一面又和丞相说,意思是要奖赏卜式。丞相道:“这个人不近人情,不是真规矩人,愿皇上不要奖赏他。”

【注释】

① 卜式:河南人。

牧羊的卜式（二）

【故事】

过了几年，因为浑邪等投降过来，县官费用大，钱谷两空，那些贫民多流离迁徙，靠县官救济。县官正苦没法对付，卜式又拿钱二十万给河南太守转发给流民。河南太守将捐钱救贫的富人，详报皇上，皇上认识卜式的姓名，知道他曾愿将家财半数捐助作边防军饷的，于是将四百人的更赋钱①赏赐给卜式。卜式又将这笔更赋钱，捐给官府。

这时社会上有钱的富人，都是非常鄙吝的守财奴，独卜式肯如此慷慨捐助，皇上于是相信卜式确实是一个君子人，就拜卜式为中郎，赐爵左庶长②、田十顷，并将他的姓名事绩，布告天下以为百姓们的表率。

当时卜式不愿做官，皇上说道："我有羊在上林中，想让你去牧养啊！”卜式既做牧羊的官，穿了布衣，着上草鞋，在上林中牧羊，过了一年多，羊既肥大，又多生产，皇上见了非常赞许他。卜式道：“不但牧羊如此，就是治民，也是一样的道理。羊的起居，要有一定时间；有病的羊，就除去不使败群。”皇上听了他的话，以为很是有理，就叫他试治百姓，拜他为缑氏令[3]。

【注释】

① 更赋钱：每人三百，四百人是十二万钱。

② 左庶长：是第十爵名。

③ 缑（gōu）氏：县名，故城现在河南偃师市南。

审判偷肉的老鼠

【故事】

张汤[1]幼年的时候，一天他父亲出门有事，叫他管家。等到他父亲回来，家里所有的肉，已被老鼠偷了。父亲嫌他管家不小心，就责打他。

张汤受了责打，气极了，便去掘地捕鼠，居然将那偷肉的鼠和吃剩的肉，都寻获到了。汤就坐起堂，将那偷肉的鼠提出来敲打审问，录得口供，验明赃物，做成文书，判决罪名，就在堂下阶前，将鼠杀了。

父亲见他这样排场，又看他的判决书，真是和老狱吏差不多，非常惊怪，于是就叫他管理案牍。

【注释】

① 张汤：杜陵人，他的父亲做长安丞，也是个狱吏。

朱买臣休妻收妻

【故事】

朱买臣，吴县人，家贫，不会治理产业，专喜欢读书，常常打柴卖钱过活。他肩上担着柴，手里拿着书，在路上一面走一面读，好像发痴的样子。他的妻子，也背着柴跟在他的后面，屡次劝告买臣，不要在路上装呆作痴。买臣不但不听，反摇头摆脑，大读特读。于是他的妻子，很觉得不体面，要想脱离夫妻关系。买臣笑说道："我年五十就要富贵，现在已经四十多岁了，你跟我吃苦多年，我富贵了，自然不会忘记你的。"妻子发怒道："像你这种人，将来饿死有份儿，哪里会得富贵呢？"决意要嫁人去了，买臣不能留她，只好让她嫁人。

后来买臣独自在坟山上打柴，前妻和新嫁的夫家同来扫墓，看见买臣饥寒困苦，叫他去吃饭。

过了几年，汉朝因为征剿东越王①，买臣居然拜了会稽太守。皇上和买臣说道："富贵不归故乡，好像穿了锦绣的衣服夜行，不见得什么体面，现在你当怎样?"意思是要买臣衣锦还乡，买臣不由得叩头谢恩。

不久，皇上有诏，叫买臣到会稽去造楼船，准备粮食和水战用的器具，等候诏书一到，就须进兵。

当初买臣常从管理会稽会馆的借宿糊口，这次拜为太守，故意穿了旧衣服佩着印绶，走回会馆。适值这时有许多会稽太守府中的官吏，在会馆堂上喝酒取乐，都不睬买臣，买臣也就悄悄地走进去，和管理会馆的一同吃饭。既吃饱了饭，取出印绶给管理会馆的看。管理会馆的觉得非常奇怪，便走近很仔细地弄着绶又看着印，的确是会稽太守的印，不觉大惊，便出来报告。那在堂上的许多官吏，吃得醉醺醺的，高声说道："这是说大话的，不相信。"管理会馆的说道："你们试进来看看。"于是素来看不起买臣的老朋友，先进去看了出来，说道："的确，的确……"满座人立时都惊恐起来，就和管理会馆的在庭前排列着拜谒买臣。买臣缓步出来答拜。不久长安厩吏，乘了驷马车来迎接买臣，就乘车而去。

会稽府中，知道太守快到了，就打发百姓们扫除道路。买臣和县吏们送的迎的车子凡一百多乘，来到他故乡吴县界上，看见前妻夫妇们正在那里扫治道路。买臣就停车，将他们俩载在后车，同到太守衙门，请他们俩就住在花园中，天天供给他们饮食。如此过了一个月，前妻自己觉得良心过不去，便吊死了。买臣就出钱叫她丈夫去收葬。

【注释】

① 因为这时东越屡次叛变，买臣上书贡献征讨的计划，因此拜买臣为会稽太守，和横海将军韩说共同负责征讨。

金日磾怒斩长子

【故事】

金日（mì）磾（dī）字翁叔，本来是匈奴休屠王太子。后来因他父亲不肯降汉，被杀，他和他弟弟母亲等都没籍充作官奴。

日磾十四岁时，就在黄门养马。后来，武帝在宴游的时候，来召阅黄门所养的马，这时武帝有许多美貌的宫女侍立在左右，一班人牵马从殿下走过，没有一个不偷看的，独日磾目不斜视，很大方地过去。

日磾身长八尺二寸，容貌威严，所养的马，又很肥好，武帝很以为奇，亲自问他出身。日磾就将自己的身世，一一奏上。武帝很是器重，拜日磾为马监。后又升做侍中、驸马都尉、光禄大夫，常在武帝左右，武帝非常信用他。

日磾的长子名叫弄儿，经常在武帝左右游

嬉。一天，弄儿从后抱着武帝的颈项，日磾见了，怒眼相看。弄儿且逃且哭道："阿爷怒我！"武帝就和金日磾道："你为什么怒我弄儿？"

后来，弄儿长大了，有一天在殿下调戏宫女，恰巧被日磾看见，日磾恨他淫乱，就杀了弄儿。武帝听到这事，大怒，日磾顿首谢罪，并将所以杀死弄儿的事情说了。武帝很是哀痛，但也心敬日磾。

大将军没有罪

【故事】

上官桀[①]和大将军霍光争权。上官桀知道燕王和霍光也是不相好的，便托人代燕王[②]上书告发霍光，说："霍光校阅羽林军大操时，排场神气，非常威武，和皇帝差不多；又擅自添选幕府校尉，专权骄横，大有谋反的嫌疑。"趁着霍光休假的一天，入奏。上官桀从中便想交给有司法办，但昭帝不赞成。第二天早上，霍光知道了这事，便留在画室中[③]，不上朝。

昭帝临朝时，看不见霍光，便问大将军到哪里去了。左将军上官桀道："他因为燕王告发他的罪名，所以不敢进来。"昭帝就发下一道诏书，召大将军进去。霍光除了帽顿首谢罪。昭帝说道："大将军请将帽戴上，我知道燕王的奏书，是假造的。大将军是没有罪的。"霍光说道："皇上何以知道奏书是假造的呢?”昭帝说道:“大将军到广明去,是校阅部属的羽林军去的,算不得僭(jiàn)次;且添选幕府校尉以来,不过十天,燕王在远方,怎么会知道呢?就是大将军要谋反,也用不着校尉。”

这时昭帝年仅十四岁,满朝官员听了这话,都大为惊喜。

【注释】

① 上官桀(jié):和霍光是儿女亲家,共受武帝遗诏,共辅昭帝,官左将军。

② 燕王:名旦,是昭帝的哥哥,因为不得即帝位,非常怨望霍光。

③ 武帝雕画周公辅成王的图,赐给霍光,叫霍光效法周公来辅助昭帝。所谓画室,就是霍光奉藏那幅图画的地方。

贤明的疏家二位大人

【故事】

疏广对他名叫受的侄子说道："我听说能够知足的便不至于受辱；能够知止[①]的便不至于危险。功成身退这是最合于天道的。现在我们叔侄做了二千石[②]的官，功名可算是成就了。如此不退，恐有后悔，不如大家告老还乡去吧。"受叩头说道："愿从大人的命令。"

叔侄俩都告病假，满了三月，广上书说病得厉害，要告老回去了。当时皇上因为他们年老，就许可了，另外赏赐黄金二十斤，皇太子也赠送五十斤。

疏广叔侄俩临行的一天，一班公卿大夫以及许多老朋友都来到都门外送行。送行的车子有几百乘。路边看热闹的人们都说疏家二位大人贤明，有的甚至叹息着掉下眼泪。

疏广既然还到故乡，天天叫家人排筵设席，请同族的人和一班老朋友，大家来饮酒作乐。他时常查问家人有余钱没有，如有余钱，就催迫家人买酒食给大家吃个痛快。

如此过了一年多，疏广的子孙，背地里请求和疏广最亲信的老人，去劝告道："你的子孙们，希望你多创立些产业。现在天天排筵设席饮酒作乐，所有的钱，差不多用完了。你应该听我的劝告，为子孙多置买些田宅。"老人就将这话去劝告疏广。广说道："我难道真是老糊涂，不为子孙们着想吗？不过我家自有田宅，假使子孙们能够勤苦，已够一家衣食，可以和普通人家一样过生活了。现在如果多买些产业，使有余钱，这无非是教子孙怠惰罢了。大概善良的子孙，多有家产，不免毁灭他的志气；愚蠢的子孙，多有家产，便增多他的罪过。而且有钱的富人，总是被一般人所怨恨的。我既然没有什么可以教化子孙，也不愿使子孙们多作孽，招人怨恨。况且这许多金钱，是皇上赏赐给我，用以养老臣的，因此不愿买田宅，喜欢和乡里宗族大家来享受皇上的恩赐，过我老年的生活，这不是很好的吗?”于是族中人都佩服他的贤明。

【注释】

① 止：是适可而止的意思。

② 二千石：是汉官食禄的阶级。

破获绑案

【故事】

长安有几个恶少年，在极僻静地方的空屋中，商议绑架勒赎的事。商议还没有结果，京兆尹赵广汉①就叫属吏去破获了。

做郎官的苏回，是很有钱的，被二盗绑架去了。没有多少时候，广汉带了属吏，直到盗家，自己立在庭下，叫长安丞名叫龚奢的，叩着堂前门告诉强盗说："京兆尹赵君谢两位，万不能杀掉绑架来的人，因为他是宿卫之臣。如果两位释放了他，又束手自来投案，虽依法当入牢狱，终当优待你们，或者逢到赦令，就可脱罪出来。"二人听了，大为惊慌，又久闻广汉大名，就开门出来，在堂下叩头。广汉也跪谢道："多蒙两位保全郎官，很好很好。"谢罢，就将二人捕去送入牢狱，嘱咐狱吏，多买酒肉，好好对待。到了冬天，判决死刑，广汉预先替他们俩购备棺木敛服等葬具，并告诉他们刑期，二人都说道：“如此，死也没有什么可恨的了。”

【注释】

① 赵广汉：字子都，涿郡蠡吾人，就是现在河北博野县人。

有文有武的尹翁归

【故事】

尹翁归是河东平阳[1]人，从小就死了父母，和叔父同住，当一名管狱的小吏。他很知道一点儿法律，喜欢击剑，没有人可以敌得过他。这时大将军霍光当朝，威势非常，那在平阳的霍家，一班家奴和亲戚们，常常带着兵器，到街市上倚势横行，官吏都不敢禁止他们。等到翁归做市吏，非常严厉，霍家人等就不敢犯法了。

后来翁归家居无事，适值田延年来做河东太守，巡行到平阳县，召集曾经做过小吏的人凡五六十人，前来亲自考问，命令他们有文的立在东边，有武的立在西边。一个一个地排列到翁归，翁归独蹲着不肯起来，说道："翁归文武兼备，排列到哪一方向去呢？"

一班当差的，以为翁归这样倨傲，一定要受

责罚了。延年却说道："这也没有什么！"就召翁归上去谈话。谈话之下，延年非常器重翁归，就补吏缺，从延年归府。

【注释】

① 平阳：就是现在山西的临汾市。

兄弟俩终身不敢涉讼

【故事】

韩延寿守左冯翊[①]时，巡行属县，到高陵[②]县中，有兄弟两人为争夺田产涉讼。延寿知道了，以为这是很可伤心的事，说道："我幸得坐这官位，为一府的表率，不能宣扬教化，甚至于使百姓有骨肉相讼的事发生，既然伤风败俗，又使贤明的县令和许多乡官们都失了体面，这全是我的罪，我当引罪先退。"这一天延寿便托病告假，卧在旅舍中，闭门思过。一县的官绅，都弄得没有办法，那县令乡官等也不能不亲来请罪。

于是那涉讼的兄弟两人，都受着宗族中人的责备，以为他们俩闹出这种伤风败俗的事，使左冯翊县令们都为难。兄弟俩也很自懊悔，不该如此，都自己削去头发露着肩膀去谢罪说道："情愿将田产相让。自今以后，终身再不敢涉讼。"延寿大喜，便开门迎接进去，出酒肉和兄弟二人对坐饮食，很殷勤地勉励他们，使县中的百姓们都知道改过从善。

【注释】

① 左冯翊：治所在长安中。

② 高陵：是左冯翊的首县。

孝顺媳妇枉死

【故事】

东海地方有一个年轻的寡妇[1]，没有儿子，奉养她的婆婆，却非常孝敬。她的婆婆要她再嫁，她始终不肯。婆婆和邻居的人说道："媳妇奉养我，非常勤苦，我当然很喜欢。但她没有儿子，为了我年老拖累她守寡吃苦，我又于心何忍？"

后来，她的婆婆，自己上吊寻死了。她的小姑便出头去告县官，说嫂子谋杀她的母亲。县官将孝妇拿去拷审，孝妇吃不起苦，只好枉屈地认了。县官就将这件案子，详报府郡。这时府曹是于公[2]，他以为这个妇人，奉养她的婆婆十几年，是孝顺出名的，必不会谋杀她的婆婆，就和太守说这案是冤枉的。太守不听，于公竭力争辩，又不生效力，于是抱了这案的判决文，在府上大哭了一场，便辞职去了。太守竟定孝妇死罪。

孝妇死后，郡中枯旱三年，太守也走了。新太守上任，卜问旱荒的缘故，那于公说道："那孝妇不当死，前太守武断她死罪，连年旱荒，恐怕就是这个缘故吧！"

于是太守杀了牛，很虔敬地亲到孝妇冢（zhǒng）上去祭扫，并表题孝妇的墓，果然立时大雨。

【注释】

① 妇名周青。传说当孝妇将死，在囚车上插着十丈长的竹竿，竿上树着五幡，对家人立誓道："青若有罪而杀，血当顺下流；青若枉死，血当向上逆流。"既杀孝妇，孝妇的血作青黄色，果然缘幡竹逆流而上，到了竿头，又缘幡竹而下。

② 于公：就是于定国的父亲。

我说拿便拿，我说斩便斩

【故事】

胡建是河东人，孝武天汉年间，守军正丞[①]，家贫，用不起车马，常常和走卒在一起过生活。他对于走卒们非常亲近，走卒们也非常服从他。

这时监军御史，贪财作奸，穿过了北军军垒的墙壁，开设一家小店。胡建想治他的罪，和一班走卒约定："我要和诸位同去杀一个罪人，诸位要听我的命令，我说拿，诸位当立刻动手拿；我说斩，诸位当立刻动手斩。"

正当选练兵马的那一天，监军御史和护军校尉等，都列坐在堂上，胡建带了许多走卒，走到堂下，参拜完毕，疾走上堂，走卒们也一齐跟上。胡建就指着监军御史道："将他拿下。"走卒便上去将监军御史拿到堂下。胡建又说："将他斩了。"走卒们就手起刀落，将监军御史斩为两段。这时护军校尉等，都惊恐非常，不知怎样办才是。胡建既斩了监军御史，就将已经做好的奏章，从怀中取出来上奏，宣布监军御史的罪状。

【注释】

① 北军各有军正，正又置丞。

烧炭人的姊姊做了皇后

【故事】

窦后的弟弟广国，四五岁的时候，因为家贫，为人所卖，辗转卖过十几家，最后卖到宜阳[①]。一天广国为主人入山烧炭，晚上和同道一百多人，睡在山岸下。山岸忽然倒崩，睡在那里的人，都被压死，独广国不死。广国自己觉得有点儿奇怪，去卜个课命，卜的人说他不久当封侯。

后来广国跟他的主人家到长安，听说新立的皇后姓窦，家在观津[②]。当广国离家时，年纪虽小，也能知道自己县名和自己的姓字，又记得曾经和他姊姊共同采桑培壅（yōng）树木。因此，就用这件事做凭据，上书自认为皇后的弟弟。皇后同帝说了，召见广国，果然不错。又问广国，还有别的凭据没有。广国道："当姊姊选为宫人，离家西行的时候，和我在客店中诀别，姊姊还借水为我洗浴。洗浴完毕，又给我饭吃，然后走的。”于是窦皇后就抱着广国哭。左右一班侍御，也都感伤起来。皇上重重赏赐广国，留他住在长安。

【注释】

① 宜阳：就是现在河南的宜阳县。

② 观津：现在河北武邑县东南。

冯婕妤挺身当熊

【故事】

元帝在建昭年间，到虎圈去看斗兽，许多宫人都同坐在一起。忽然有一只熊①逃出圈外，将攀上殿来，在元帝左右的宫人，都骇得各自逃走了。只有冯婕妤（jié yú）直上前去，挡在熊的面前立着。后来熊被左右的人格杀了，元帝来问冯婕妤道："凡是人性遇着猛兽，都是怕的，你为什么敢去挡熊呢？"婕妤道："猛兽前来，得到一人，便不再害别人了。我恐怕熊直犯御座，所以我愿自己先上去牺牲。"元帝听了这话，非常赞赏，因此愈加敬爱冯婕妤了。

【注释】

① 熊：是猛兽，产于寒带地方，项下有白毛，形如新月，足粗，前短后长，能够攀登树上。

郅都不救贾夫人

【故事】

郅都[1]在景帝时做中郎将，皇上大臣有不好的地方，他能够当朝批驳，一点儿也不怕。

有一天，郅都从景帝等到上林去，同去的贾夫人正在厕所中。忽然一只野猪，也羼[2]入厕所，景帝见了，大惊，就抛个眼色给郅都，叫他去救贾夫人，郅都不动。景帝就自己拿兵器去救贾夫人，郅都就进在景帝面前跪下道："失了一个女子，就有一女子进宫，天下岂少得一个女子吗？陛下想冒险去救她，就是陛下肯牺牲，独不为宗庙和太后设想吗？"景帝就回转来，那野猪也不伤害贾夫人。太后听到这事，赏赐郅都黄金百斤，景帝也赐他黄金百斤。

【注释】

① 郅（zhì）都：汉阳县人，就是现在山西洪洞县人，他的坟墓在洪洞县东南二十里。

② 羼（chàn）：掺杂。

严母训子

【故事】

严延年[1]为官非常严酷，有犯法的，到手就杀。有一次他的母亲从东海来，到延年任上去过年。行到雒（luò）阳，适值看见奏报斩决罪犯，严母大惊，就停在都亭，不肯入府。延年亲自来到都亭拜见母亲。严母关上阁门，拒绝不见。延年万分惶恐，除去官帽，在阁下叩首谢罪，好久，母亲才出阁相见，便责备延年道："你幸得做了一郡太守，治理千里的地方。我到此地来，不听说你有什么仁爱教化使百姓安全。专重用刑罚，多方杀戮，想因此作威作福，这难道是'为民父母'的本意吗？"延年听了，再三叩头谢罪，亲自为她推车，迎归府中。

过了年，严母和延年说道："天道神明，凡是多杀人的，也必为人所杀。我不料如此年纪，还要看见儿子被人杀戮。我要走了！我回到东海，为你准备葬身之地吧！”说了，就动身回乡，和那兄弟及同族的人，将延年的事，再三告诉给他们听。过了一年多，延年果然失败了。

【注释】

① 严延年：东海下邳人，就是现在江苏的邳州市人。

喜欢喝酒的王生

【故事】

龚遂治理渤海郡①，以为郡中风俗奢侈，人多不肯勤力耕作，就自己先讲俭约，劝百姓们要务农养蚕。

龚遂如此劝勉百姓们，监督百姓们勤俭做人，不久，郡中有了蓄积，官民都很富实，一件讼案都没有了。

过了几年，皇上派人去征召龚遂还朝，在他手下任议曹的王生说要从他同去。他左右以为王生平日喜欢喝酒，是很糊涂的，不赞成叫王生同去。龚遂不忍拒绝王生相从的好意，就叫王生同去。到了京师以后，王生天天喝酒，甚至和龚遂都不常见面。有一天龚遂因召动身进宫，王生醉得七颠八倒地从后面追上说道："明府且慢走！我有话说。"龚遂回转来问他有什么话说，王生道：

“皇上如问明府用什么方法治理渤海，明府万不可自夸自赞，应回答说：‘这都是圣主的恩德，不是小臣的力量。’”

龚遂既到宫中，皇上果然问起治理渤海的情形，龚遂就将王生所说的话回答了。皇上非常喜悦，以为龚遂真是谦虚，笑问道：“你何以说出这种君子长者的话来？”龚遂说道：“臣哪里能够这样说呢！这都是臣的议曹王生教我的。”

皇上因为龚遂年老，任不了公卿，就拜他为水衡②都尉，议曹王生为水衡丞③。

【注释】

① 龚遂：字少卿，是现在山东邹城市人。渤海：是汉的郡名，辖地大约是现在的河北河间市以东到沧县，北到东安、文安，南到山东的无棣县。郡治在沧县。

② 水衡：典管上林禁苑供张宫馆，为宗庙取牲，官职和皇帝很亲近的。

③ 丞：古时的佐贰官称丞。

急人之难的原先生

【故事】

原涉[1]对于贫穷的人，很肯救济。一天有人设筵请他，他正走到里门口，有一个客人对他说道："你朋友的母亲，因为犯病，避宅在里中。"他就去叩门拜访，听到哭声，知道病人已死，就进去探问怎样办理丧事。丧家实在穷得一点儿东西也没有，原涉说道："你们只要将屋内扫除清爽，等我到来，我自有办法。"

原涉走到请酒的家中，对同堂的宾客叹口气道："我看见人家的母亲死了，卧在地上，不曾收葬，还有什么心思喝酒呢？愿将酒食退去。"一班宾客，大家都来请问要多少东西，才可办丧。原涉就很客气地端坐在一边，将丧葬事所用的东西，开了一纸清单，嘱托诸位宾客。诸位宾客，就分头到市上去购办。直到日斜的时候，诸位宾客都买得来了。原涉一一亲自点看过手，说道："那么，请主人给我们酒食吃。"大家饮食，独原涉不曾吃饱，就拿了许多丧葬用的东西，去办理葬事。

【注释】

① 原涉：字巨先，随他祖父由阳翟迁到茂陵，茂陵在现在陕西兴平市东北。

大侠郭解

【故事】

郭解是河内人[①]，为人轻财仗义，是一个豪侠。解姊的儿子，依仗着解的势力，很是横行。和人喝酒，用大杯劝酒，那人喝不下，就强逼灌酒。那人恼怒起来，就刺杀了解姊的儿子，逃去了。

解姊怒道："有翁伯[②]在这里，岂有杀了我的儿子，凶手都捉不到的吗？"就将尸首放在路旁，不葬，意思是要羞辱郭解的面子。郭解使人探得凶手所在，凶手知道不能再躲避了，就亲自到解前，将实在情形告诉解。解说道："如此，你应该杀他，这是我的外甥不好，你没有罪，你去吧！我自己将外甥收葬好了。"

解出来的时候，人多回避，只有一个人很傲慢地横坐着看。解问他姓甚名谁，左右的人，就将他捉起来想杀害他。解说道:“同在一处住的人,见我不敬,这是我不修道德的缘故,他有什么罪呢?”

洛阳人有互相结仇的,地方上的绅士们,为他们从中调解的,不下几十人,他们终不肯听。于是去见郭解,解连夜走到那结仇的家里,从事调解。那结仇的,都一一听从了。解和那结仇的说道:“我听说你们的事,在洛阳的诸位绅士先生,都从中调解过的,你们都不听,现在居然肯听我,我是何等荣幸。不过我是别县人,到贵处来管事,不是僭越了吗?”就连夜回去,不使人家知道,并且说道:“待我去后,你们仍请洛阳的绅士们从中调解,听他们的话就是了。”

【注释】

① 河内:汉郡名,就是现在河南的黄河以北地方。

② 翁伯:是郭解的字。

闹酒

【故事】

陈遵[1]字孟公，最喜欢喝酒，每次大饮，宾客满堂的时候，就将前门关上，拿客人车上的车盖，投入井中，使客人虽有要事，都不能走。

有一次，有一位部刺史去奏事，便道去拜访陈遵，适值陈家大饮，刺史就被留住，不能出门，刺史非常心急，等到陈遵大醉，突然走到内房，拜见陈母，叩头禀告说是奏事是有期限的，万不能拖期，无论如何，请求设法。陈母于是派人引导他从后门出走。

陈遵几乎天天是醉得醺醺然的，不过他做事，并不延误。所到的地方，没有一个人不看重他，欢迎他。同时有一位侯爵，和陈遵同姓同名字。每到人家门上通报说，我是陈孟公，坐中人以为陈遵来了，大家都惊动起来，等到见了面，却不是那个陈遵，是这个陈遵，因此这位陈侯，人家就加上他一个假名，叫作陈惊座。

【注释】

① 陈遵：杜陵人。杜陵，现在陕西西安市长安区南五十里。

不忘老朋友

【故事】

楼护①家住长安，这时成都侯王商做大司马卫将军，罢朝后，想去拜访楼护。他的主簿阻劝道："将军身位尊贵，不应该入闾（lǘ）巷。"王商不听，就到楼护家。楼家屋小，许多官属们只好立在门外，过了好久，天要下雨，主簿对家人道："大家不肯劝阻他，现在就要立在闾巷中淋雨了。"言下很有怨意。

等到王商回来，有一个人将主簿的话传给王商，王商大不以为然，就借别的事故将主簿辞去，终生不用。

后来王商的儿子王邑做大司马，非常贵重，王商的旧相好们，非常趋奉他，只有楼护，仍保持着父辈相好的态度，王邑也很敬重他，不敢怠慢。有一天宴请宾客，王邑坐在下位，捧着酒杯自称贱子上寿。同坐百数人，都离席伏地谢恩，独楼护东向正坐。

从前楼护有一个老朋友吕公，因为年老没有儿子，夫妇二人来归依楼家。楼护夫妻和吕公夫妻同食像一家人。及楼护失官家居，楼妻对于吕公，很有点讨厌了。护闻知这事，便哭着责备他妻子道："吕公因为和我是老朋友，现在他又穷又老，托身于我，讲朋友之义，我应该养他老。"就养吕公终身。

【注释】

① 楼护：字君卿，齐人。精于辩论，当时长安人称为"楼君卿唇舌"。

不贪人财物

【故事】

萬章[①]与中书令石显很要好，靠石显的权势，门前车马不断，声势也颇不小。

后来石显因专权过分，得罪免官，迁归原籍。石显家产很富，临走的时候，要将价值数百万钱的床席器物等送给萬章，萬章不肯受。有些人问萬章道："你何以不要这些东西？"萬章叹口气道："我是一个着布衣的贱人，承蒙石君爱怜，得有今日。现在石君家破，我不能救助他，反贪他的财物，这岂不是石家之祸，反为萬家之福吗？"于是人家都佩服他，称赞他。

【注释】

① 萬（yǔ）章：字子夏，长安人。住在长安城西柳市，当时称为城西萬子夏。

一个有志节的学生

【故事】

平帝以中山王即帝位，年幼，王莽代理政事，把持一切，平帝的母亲和他外婆家卫氏，都留在中山，王莽不许他们到京师来。

王莽的长子名叫宇，恐怕平帝长大后，怨他父亲，就和吴章商量，在夜间拿血涂在王莽的门上，想假托鬼神作祟，来警诫他父亲，不要如此骄横。

后来这事发觉了，王莽杀了长子宇，灭了卫氏，其他连带而死的，有一百多人。吴章腰斩，尸首弃在东市门。

吴章原是当世很有学问的大儒，他的学生，有一千多人，王莽以为他们都是恶党，都拘禁起来，永世不能做官上达。于是许多学生们，都变了姓名改从别的先生去了。这时有一个名叫云敞①的，做大司徒掾（yuàn）的，却自己说是吴章的学生，独去收尸，抱着吴章的尸首，回去成殓安葬[②]。

一时京师的人，没有一个不称赞他。

【注释】

① 云敞（chǎng）：字幼儒，平陵人。平陵，在现在陕西咸阳市西北。

② 吴章墓在平陵龙首山南幕岭上。

后汉书故事

序　说

《后汉书》体例一如《前汉书》，为宋宣城太守范晔所撰，全书凡帝后纪十二卷，志三十卷，列传八十八卷，共一百三十六卷。

本书节取《后汉书》中最有兴趣的故事，译成语体文，编为《后汉书故事》。

《后汉书》无论纪、志、传，都为纪事本末体，本书节取语译，为求各故事连贯起见，略按时代先后编次。

盆子做了皇帝

【故事】

樊崇起兵，想立一个刘氏的后代为帝，以便号召，在军中搜求刘氏后代有七十多人[①]，其中只刘盆子[②]和刘茂、刘孝三人最为嫡亲，樊等商量就在这三人中选立一个。于是用三支札，一支札上书“上将军”字样，其余二札是空白的，约定抽着有“上将军”字样的做皇帝。就在郑北地方，设立坛场，祭祀先帝，大会军民人等，请盆子等三人立在当中，照年龄大小依次抽札。盆子年最小，居然抽得有“上将军”字样的札子。于是在场许多军民人等，都称臣拜贺。这时盆子年十五，蓬头赤脚，穿了一身破衣，流着一头臭汗，见众人对他拜贺，心里非常害怕，几乎要哭出来了。刘茂在旁和他说道：“不要惊慌，好好地将札子收藏起来。”盆子就将那札子咬断为两截抛弃了。

后来樊崇拟入长安，更始[3]来降，盆子住在长乐宫中，诸将天天饮酒争功，怒骂欢笑，毫无纪律，甚至拔剑乱击殿柱，没有人敢管束他们。有官吏们来贡献的东西，就被兵士们劫夺而去，又常常掳掠百姓，真闹得不成样子。

到了送年的一天，樊崇等在宫中大会诸将官们，作乐饮酒。盆子坐在殿中，黄门卫士执着兵器在后立着，公卿大夫们都排坐在殿上，还未曾行酒，其中有一个人取出笔来，想修书称贺。于是其他不懂书的将官们，一个一个地立起来去请他列入姓名，许多人胸背相叠地挤在左右。这时大司农杨音按着剑骂道："诸位都不是好东西，今天在此大会，正讲君臣之礼，反加扰乱，就是儿戏也不至如此。都是可杀的。"于是大家争辩起来，那在外的兵士，也各跳进宫来，掠夺酒肉，互相杀伤。卫尉诸葛稚听到兵变，就亲自督兵入宫，格杀了一百多人，事才平息。盆子经过这次扰乱，非常恐慌，日夜啼哭，和宦官一起睡觉吃饭，不肯预闻外事。

盆子的哥哥刘恭，见樊崇这辈人如此扰乱，

知道他们是必败的，恐怕盆子也连累着，就秘密地叫他退还帝位。

【注释】

① 是汉景王刘章的后代。

② 刘盆子：是太山武县人。他的祖父名宪，在元帝时封为武侯；父名萌，继祖父职。盆子后降于光武，封为赵王郎中。

③ 更始：就是刘玄。王莽篡汉后，汉军立他为帝，在位二年，被赤眉所杀。

刘将军大战昆阳

【故事】

王莽听得光武[①]的兵已经到了昆阳[②]，非常害怕，就派大司徒王寻、大司空王邑，将兵百万，内有带甲之兵四十二万人，到了颍（yǐng）川，又和严尤、陈茂的兵会合，一齐向昆阳进发。

王莽曾经征集天下精通兵法的人有几百个，都用他们为军官，选练武卫，招募勇士，一切战争用的旌旗辎（zī）重，都非常充足。这次出兵，有名叫巨无霸[③]的长人压阵，他身长一丈，腰大十围，天生一副奇伟相貌，又带领许多虎豹犀象之类的猛兽，来助军威，声势浩大，真是往年所没有的。

光武不过带了几千个兵，到阳关[④]迎战。将士们见了王莽兵马如此众多，逃回昆阳，都恐慌得不得了，忧念着妻子，想逃走了。光武和他们商议道："现在我们兵少粮缺，那敌人却这样强大，如果我们同心协力，拼命地和他们一战，或者还有成功的希望，倘分散了，那更没有势力，各人断不能保全自己。你们现在不肯同心协力共图功名，还想保住妻子财物吗？哼，恐怕不行吧！"将士们发怒道："刘将军！你敢和他们战吗？"光武就一笑而起，召集军队，忽然回来说道："王莽的大兵快到了，你们请看城北面的军营，望去数百里还没有完呢。"将士们都惊起说道："那怎样办呢？快请刘将军计划一下。"光武就计划着如此如此。将士们忧急得没有主意，都服从照办去了。

这时昆阳城中只有八九千人，光武就叫成国公王凤、廷尉大将军王常留守昆阳城，自己和骠骑大将军宗佻、五威将军李轶等，星夜出城南门去收兵。这时王莽兵到城下的，已有十万，光武几被围住不能出去。

光武既到了郾、定陵⑤，命令所有的兵尽数出发。有几位将士还贪惜财物，想留守着。光武说道："今天如果你们打败了敌人，成了大功，万亿的珍宝都可得到；倘为敌人所败，就是自己的头颅也保不全，还有什么财物呢？”

这时王莽的兵，几十重地围住昆阳，连营几百帐，旌旗满野，尘埃连天；镫（dēng）鼓彭彭，响闻几百里。用十几丈的云车，偷看城中，有的凿地道冲城壁，乱箭四射好像下雨一般，城中人都骇得不敢出门。昆阳的守将王凤等，恐怕支持不下，向莽军请降。王寻、王邑自以为大功将就，意气扬扬地不答应。

六月间，光武和各营的将士们向昆阳前进，自己带了一千多骑兵，直上前去，在离大军四五里前的地方摆下阵势。寻邑二人也派兵几千应战。光武冲锋上去，斩了数十个首级。各部将士见了大喜道：“刘将军平日见小敌很是胆小，今天见了大敌，反这样胆大，真是可怪。请刘将军再向前去，我们大家来助战。”光武于是再进，寻邑的兵抵挡不住，光武和各营将士更合力挺进，又斩了几千几百个首级。

光武和各营将士们，既屡战屡胜，胆气益壮，一个可以抵挡百个。光武于是带了敢死队三千人，从城西水上冲入寻邑军的大本营，寻邑军中立时大乱，将士们都无心应战，各自逃避。光武就乘势斩了王寻。这时城中的守兵也大鼓大喊地出来应战，内外夹攻，喊声震动天地。寻邑的兵大败，争先恐后地逃命，在路上踏伤跌死，大概在周围一百里间都躺着死人了。适值这天大雷大风，屋瓦乱飞，大雨如倒，滍水⑥大涨，寻邑军中的虎豹，都惊寒得发战，溺水死的逃兵，约有万人。王邑、严尤、陈茂等都剩了单枪匹马，踏着浮尸渡水逃去，所有军火、辎重、车甲、珍宝，都被光武军所夺获了。

【注释】

① 光武：东汉中兴之主，名秀，高祖九世孙。王莽篡汉，他起兵平乱，便即了帝位，在位三十三年。

② 昆阳：故城在今河南叶县北。

③ 巨无霸：生长在蓬莱东南、王城西北的昭如海滨，身体高大，轺车不能载，三马不能挽，睡时用鼓为枕，食时用铁干为筷。

④ 阳关：是一个聚落名，地在今河南禹州市。颍水中流，

夹水成聚。

⑤ 郾（yǎn）、定陵：都是当时县名，属于颍川郡。郾就是现在河南的郾城县；定陵故城，在郾城西北。

⑥ 滍（zhì）水：出河南鲁山西、尧山东，南经昆阳城北，东入汝水。

吕妈妈为子报仇

【故事】

吕妈妈的儿子[①]，在海曲县[②]里当差，犯了小罪，被县官杀了。吕妈妈非常怨恨县官，秘密联络豪客，预备报仇。

吕妈妈家，素来是有钱的，家产不下数百万，于是多酿些好酒，买些刀枪衣服。凡是少年来买酒的，便赊给他们酒；如果没有衣服穿的，便给他们衣服穿，不论多少，总是这样应酬。过了几年，家产渐渐用尽了，少年们想设法偿还给她。吕妈妈哭着说道："我所以这样地优待诸位，并不是为钱，只因那狠心的县官枉杀了我的儿子，我想报仇，诸君肯帮助我吗？"

少年们听了吕妈妈的话，都赞成她有豪气，又素受她的恩惠，大家都情愿为吕妈妈报仇。

其中有许多勇士自号猛虎的[③]，就集合起来，有几十个人，和吕妈妈同入海中，招收海盗，得了几千人。吕妈妈自称将军，引兵来攻海曲县，将县官捉住。一班县吏们，都跪在吕妈妈面前，为县官乞命。吕妈妈道："我儿犯小罪，不应当死，竟被这狗官杀了。杀人就要偿命，你们不必多言。"就斩了县官的头，去祭他的儿子。

【注释】

① 吕妈妈的儿子：名叫育。

② 海曲：县名，故城在今山东省莒县东。

③ 猛虎勇士徐次子等以为力能制虎，自号猛虎。

彭宠死于家奴的手中

【故事】

彭宠[1]因为有功不得赏，非常怀怨光武。

光武召彭宠前去讲话，彭宠心疑光武要杀害他；宠妻又是素来刚愎的，也不肯受屈，力劝彭宠不必受召；和常相亲近的官吏们计议，也没有一个人主张彭宠受召。光武因他不去，又派彭宠的弟弟子后、兰卿前来劝谕，彭宠就将子后、兰卿留住，发兵造反，自称为燕王。

宠妻屡次做恶梦，又常常发现怪变。有一天，宠在堂上听见有蛤蟆藏在火炉下，就在火炉下掘地找寻，并无蛤蟆，去请问卜课的和望气的，据说仇人在自己军中。宠疑子后、兰卿曾从汉方归来，或许是个反叛者，就派他将兵出外，不使他亲近左右。

有一天，彭宠在便室中，独自睡觉。家奴子

密等三人，因宠睡得很熟，就上去将彭宠缚在床上，一面出来通告属吏们道："大王今天休息，请你们大家出去。"又假称宠命，将许多奴婢们都缚起来关在一处，又叫宠妻进去。宠妻进去一看，见彭宠缚在床上，不觉大惊。宠见妻来，也急忙喊道："快为诸位将军们办点礼物。"——彭宠这时身体已失了自由，对于背叛的家奴们，称作将军，原意想家奴饶了他的性命。于是两个家奴挟着宠妻去搜取宝物，留一个家奴看守着宠。宠和那看守他的家奴说道："你这个大孩子，我是很爱你的；今天为子密所迫，所以同道行劫。你肯放了我，我就将我的女儿阿珠嫁给你；家中财物，也都送给你。"看守的家奴有点儿动心，想解放彭宠，看看门外见子密正在听他们的话，就不敢动手。

家奴三人既搜取了许多金玉衣物，又叫宠妻缝了两个口袋。到了半夜才将彭宠解放，叫他写个札子，通告城门将军道："今派子密等三人到子后、兰卿处去，须速开城门，不得留难。"写好了札子，就将彭宠和宠妻的头斩了，装在两口袋中，拿了札子，骑马出城，前去投奔光武，光武封他们为不义侯。

【注释】

① 彭宠：字伯通，南阳宛人。

耿将军智败张步

【故事】

耿弇[①]奉了光武的命令追讨张步[②]，和刘歆（xīn）、陈俊引兵而东，从朝阳桥渡过济河。张步听得耿弇来了，就派他的大将军费邑出兵历下城[③]，又分兵屯守祝阿[④]，另外在太山钟城列营几十，等待耿弇兵到。

耿兵渡河先攻祝阿，从天明时候开始攻打，不到中午，就攻下祝阿，故意放开一条逃路，叫败兵逃回钟城。钟城人知道祝阿已失，大为恐慌，就空营逃去。费邑又分派他名叫敢的弟弟，出守巨里[⑤]。耿进兵先逼巨里，使兵士们多取树木，故意宣传说是要填塞坑堑（qiàn），预备攻打巨里。过了数日，有来投降的人说："费邑听得耿兵要攻打巨里，自己要来救。"耿就严令军中赶速修理战器，宣言说三日后当尽力攻打巨里，一面暗暗宽放降兵，使他逃回。那逃回去的降兵，将耿弇攻打巨里的时期，报告费邑。费邑到了这日，果然亲自引着精兵三万多人，来救巨里。耿弇大喜，和诸将说道："我所以故意要修理战器，原想引诱费邑前来，现在费邑果然来了。"就分三千人守巨里，自己引着精兵走上山岗，从高处向费邑攻击，大破费邑，就在阵上斩了费邑，将他首级传入巨里城中。城中人恐惧极了，费敢就带了合营的兵逃归张步。耿弇因此指挥将士们，平定了济南。

这时张步在剧，派他的弟弟张蓝，率领精兵二万守西安[6]。各郡的太守又合着一万多兵，守临淄。西安和临淄，两城相去不过四十里。耿弇进兵画中[7]，画中在西安和临淄两城之间，耿弇看得西安城小而坚，张蓝兵又很精，不大容易攻取；那临淄虽是大城，却多不中用。于是就召集将士会议，定于五日后，攻打西安。西安守将蓝听到这个消息，日夜严守。到了这日夜半，耿弇命令诸将半夜吃饭，到天明时候，齐集临淄城下。这时护军荀梁等不大赞成，以为须速攻西安。耿弇说道："不是，我从前所以要攻打西安的，无非要西安人听到这个消息，日夜防备啊。现在我突然出其不意，出兵去攻打临淄，临淄因为没有准备，必定手忙脚乱，我攻打它不过一日就可攻下了。攻下临淄，西安就成孤立，张步和张蓝不能连结一气，必定逃去，如此就是所谓一举两得了。若先攻西安，是不能立刻攻下的，相持于坚城之下，兵士们死伤必很多。就是能够攻下，张蓝可以引兵退还临淄，和他们合兵，看他们虚实，再做反攻。我们深入敌人地方，后面没有接济，数十日以内，不和他们决一胜负，就非常困难了。诸君所说，恐怕不很妥当。”就下令攻打临淄，不过半日，临淄攻下了。张蓝听得临淄已失，大为恐慌，就引兵逃到剧这个地方。耿弇传令军中：“不许任意虏人。待张步到，就活捉他。”张步听得这话，大笑道：“像那尤来有十余万人，我都直破其营。现在耿兵比他们少得多，又都是疲劳无力的，何足当我呢！”于是和他三个弟弟蓝、弘、寿及大枪的头领重异等合兵二十万，浩浩荡荡到临淄大城东。耿先引兵出淄水上，和重异碰到了，本想用精兵迎头痛击，转念又想，如果打败了重异，恐怕张步不敢前进，就故意表示不敢迎战，引兵避归小城，在小城内排立阵势。张步见耿兵退归小城，非常骄傲，就引兵直攻耿营和刘歆等合战。耿弇在旧王宫的坏台上观战，看他们已经交锋了，立刻亲带精兵，突然从侧面攻打张步于东城下，张步大败，逃回营中。耿弇也为乱箭所中，就拔出佩刀，将箭截断，在左右的人都不知耿弇受伤。

明早耿弇再督兵出战。这时光武在鲁，听得耿弇为张步所攻，就亲自引兵来救，还没有到。陈俊和耿弇道："剧虏张步，兵多将猛，我们暂且闭营休息，等皇上救兵到来，再作战吧。"耿弇说道："皇上到来，我们做臣子的，理当杀牛斟酒来招待百官们。难道攻打这些贼虏，还要麻烦他吗？"就出兵大战，从早到晚，不稍休息，又大破张步兵，杀伤无数，城中沟坑中，都填满了死人。耿弇料知张步不能再战，将要退避了，就预先在他的退路上左右埋伏着兵。到了这天晚上人静时候，张步果然引兵退走，于是伏兵突起追杀，直到钜昧水上，沿路八九十里，都是死人，收得辎重两千多车。张步逃归剧，兄弟们各引兵逃散了。

过了几日，光武到了临淄，亲自慰劳将士们，大会群臣，嘉奖耿弇，说他用兵比韩信好。

【注释】

① 耿弇（yǎn）：字伯昭，扶风茂陵人。

② 张步：在东汉初年，占据齐地，自称为王的。

③ 历下：在今山东济南市西历山脚下。

④ 祝阿：故城在山东长清县东北。

⑤ 巨里：一名巨合城。

⑥ 西安：县名，故城在山东临淄西北。

⑦ 画中：邑名。故城在山东临淄西北，有澅水。

拜井得水

【故事】

耿恭[1]为戊己校尉，屯兵后王部金蒲城[2]。后来北匈奴单于左鹿蠡（lí）王率领二万骑兵攻打车师，耿恭派司马领兵三百人去救，路中碰见匈奴兵，因人数太少，全军覆没，匈奴就乘势攻杀后王部王安得，进攻金蒲城。恭上城和匈奴战，用毒药涂在箭头上，传言给匈奴道："汉家的箭，是用神工造成，很奇怪的，受箭伤的，必觉得和别的箭不同。"就发箭射匈奴兵，受箭伤的匈奴兵觉得伤口的肉都沸动起来，都看得大惊。适值这时暴风大雨，恭兵乘雨进攻，大败匈奴。匈奴兵互相说道："汉兵真有神助，可怕可怕。"就解围而退。

耿恭以为疏勒[3]城旁有涧水，可以固守。五月间，就引兵到疏勒。七月，匈奴又引兵来攻，恭招募先锋队几千人，直冲上去，匈奴兵都散去。后来匈奴兵将疏勒城外的涧水塞断，要汉兵不打死也当渴死。耿恭没法，亲在城中穿井，深十五丈，都不得水。兵士们渴得快要死了，甚至榨取马粪的汁来喝。耿恭非常焦急，仰天叹息着说道："从前贰师将军李广利④，拔刀刺山，飞泉涌出；现在汉德神明，不减从前，苍天有灵，想不至灭绝我们吧！"于是整衣冠，对井再拜，为兵士祈祷。过了一刻，井中泉水果然涌出，兵士都非常欢喜，呼万岁。耿恭就叫兵士取水给匈奴兵看。匈奴见水，出于意料之外，不觉大惊，以为汉兵真是神明，就引兵而去。

【注释】

① 耿恭：字伯宗，和耿弇是同族。

② 金蒲城：是车师后王城廷。

③ 疏勒：就是现在新疆的疏勒县。

④ 贰师：是大宛中的城名。从前武帝时候，使李广利伐大宛，以到贰师城为止，因称李广利为贰师将军。

夺还印信

【故事】

寇恂字子翼[1]，当初为上谷郡的功曹。郡太守耿况很看重他，当王莽败，更始立为帝，派一个使者招呼各郡县说道：“先来投降的，恢复他的爵位。”使者将到上谷郡，寇恂从耿况到界上去迎接。况就当面将郡太守的印信奉上，表示投降。使者将印信收下，过了一夜，仍没有归还印信的意思。寇恂忍不住了，便带着兵，去见使者，要求他归还印信。使者不肯归还，说道：“我是天王使者，郡功曹前来威逼我吗？”恂说道：“不敢威逼使君。不过觉得使君的手段，实在不行的。现在天下初定，政府还没有什么信用，使君奉命来到四方，郡国没有一个不伸着头颈，侧着耳朵，想望风来投降的。现在使君才到了上谷，就把政府的信用失掉，如此，不但想来投降的，都因而灰心，或者反发生离叛的动机。像这种手段，如何能够号令他郡呢？而且耿太守在上谷很久，官民人等都很爱戴他的。现在便收着印信，要更换一个别的人来做太守吗？如果那人是贤的，也不肯造次前来；如果是不贤的，徒然激发出一场祸乱来。我为使君设法，还不如交还印信给耿太守，叫他复任以安百姓为妙。”

使者听了，置之不理。寇恂便气上心头，说是使者的命令，叫耿况进来。耿况到了，寇恂便上前将印信夺回交给耿况。这时使者没有方法抵抗，也只好顺水推船，答应耿况复任了。

【注释】

① 寇恂（xún）：是上谷昌平人，世代是望族。

大树将军

【故事】

冯异字公孙①，和邓禹等从光武帝起兵。有一天，光武帝从冀州败退到饶阳无蒌亭②地方，天气非常寒冷，同道的人都冻饿得不能再走路，就宿在那里，冯异烧了一碗豆粥给光武帝吃。第二天早晨，光武帝起来对诸将说道："昨晚吃了公孙的一碗豆粥，饥寒都不觉得了。"又走到南宫地方③，适值大风雨，光武帝引着车到路旁空屋中休息，于是冯异取柴，邓禹烧火，光武帝坐着烘衣。冯异又端上麦饭给光武帝吃，从此渡过滹沱（hū tuó）河，到了信都④。光武派冯异去收服河间⑤，回来后，拜他为偏将军，后破王郎，封应侯。

异为人非常谦虚，不肯说自己有功有能。和诸将在路上相逢，就引车回避，一进一退，都有规矩礼貌。每到一处，诸将同坐论功，他就避开，独自立在大树下。因此军中都称呼他为“大树将军”。

【注释】

① 冯异：字公孙，颍川父城人。父城，县名，故城在今河南许昌境。

② 饶阳：就是今河北饶阳县。

③ 南宫：就是今河北南宫市。

④ 信都：故城在今河北冀州市东北。

⑤ 河间：就是今河北河间市。

两虎不可相斗

【故事】

寇恂为颍川[①]太守时，执金吾[②]贾复在汝南[③]。贾复有一个部将在颍川犯了杀人的罪，寇恂就将他捉捕到案。当时天下初平，兵将们犯法，多是宽容的。独寇恂照法定罪，将他斩首示众。贾复觉得这事儿寇恂有意伤他面子，又耻又恨。从汝南回来，路过颍川，贾复和左右的人说道："我和寇恂，并为将帅，现在他敢如此欺负我，大丈夫岂有怀仇不报的吗？今见寇恂，我必将他一剑杀死。"

寇恂知道贾复的用意，当他到颍川时，不去和他相见。寇恂的外甥谷崇说道："崇请带剑陪同前去，如果有变，我可抵挡他。"寇恂说道："这是不行的。从前赵相蔺相如[④]不怕秦王，而反屈服于廉颇将军。这并不是怕廉颇，是以国家为重，不愿大家闹意见呵。区区的赵国，还有这种好义之士蔺相如，我哪里可以为私仇忘公义呢？”便命令官吏们多备酒肉欢迎贾复。贾复带了执金吾军入颍川界，每人都吃了加倍的酒肉，大家都吃得既醉且饱了。于是寇恂出来迎接，到了半路忽又推说有病，退回。贾复想勒兵追上，因为兵士们都醉得东倒西歪，也就作罢。

寇恂终觉和贾复不能闹意见，就特派谷崇将一切情形去报告光武帝。帝就召见寇恂。寇恂入见，贾复已先在座，见了寇恂，便想立起避走。光武帝一面留住贾复，一面用婉言调解道：“现在天下还未曾大定，两虎哪里可以私斗呢？今天我为你们两人和解，以后不要误会再闹意见。”于是贾复和寇恂便双方谅解，同车坐着出来，结为好友。

【注释】

① 颍川：郡名，现在河南登封市、宝丰以东，尉氏、郾城以西，新密市以南，叶县、舞阳以北，都是它的属地。郡城在今禹州市。

② 执金吾：官名。吾作御字讲，就是拿金革以防御非常的意思。

③ 汝南：郡名，现在河南颍河、淮河之间，安徽茨河、西淝河以西，淮河以北地区，都是它的属地。郡城在今河南平舆北。

④ 蔺（lìn）相如：就是指“完璧归赵”的故事。

桓谭从此不敢鼓琴

【故事】

宋弘[①]为人非常正直。赤眉破长安，就派人再三去逼他出来做官，他无法逃避，走到渭桥，投水自尽，家人捞救回去，装作假死，才完事。

光武时，封他做宣平侯，有一次，帝问他有什么博学之士可以保荐，弘就保荐沛国人桓谭才学通达，可及扬雄和刘向父子[②]。于是帝召谭拜为议郎给事中。每有燕会，就叫他鼓琴作乐。谭鼓得一手好琴，很为帝所赏识。但宋弘知道这事儿，心中大不高兴，懊悔不该保荐桓谭。

有一天，宋弘等待桓谭从宫中鼓琴出来，穿戴着一身朝服，很严正地坐在府中，派下吏去召桓谭。谭来，弘不给他坐位，且责备他道："我所以保荐你出来，是要你以道德辅助皇上。现在反常常将淫乱之声，趋奉皇上，这不是忠正人了。

你能自己改过吗？还是叫我用法来纠正你？”谭叩头谢罪。过了许多时候，宋弘才叫桓谭出来。

后来，光武帝又大会群臣，叫桓谭鼓琴。谭见弘在，就不敢照常受命。帝觉得奇怪，问他缘故。这时宋弘便离座脱帽上前谢罪道：“臣保荐桓谭，原想他用忠正之道，护导皇上，现在反使他鼓琴，用淫乱之声，献媚朝廷，这是臣的不好。”光武听了，便肃然露出敬畏的神气，请宋弘戴上帽子就坐，以后再不叫桓谭鼓琴了。

【注释】

① 宋弘：字仲子，京兆长安人。

② 班固《前汉书》曾经说，谷永论书泛为疏达，不能像刘向父子和扬雄那样浃洽。所以宋弘引称这话来誉扬桓谭。刘向的儿子，就是刘歆。

乐善好施的王先生

【故事】

王丹[1]，京兆下邽（guī）人，王莽称帝，屡次请他，不肯出来。家产富裕，隐居在家乡，最好行善，救济穷苦人。每年农忙时节，他常常携带酒菜，到田野间去慰劳那勤劳的农夫。那些不肯勤劳的农夫，恐怕不得王丹的慰劳，也多互相勉励加紧工作。于是县中渐渐殷富起来。对于那轻薄游荡不务正业的人，就去报告他们的父兄，去责备教训他们。有人死了，他就送厚礼，亲自替他料理葬事，因此遇到葬事的人家，多靠王丹代为办理。

【注释】

① 王丹：字仲回。西汉哀帝、平帝时，曾做州郡官。

老当益壮的马老头子

【故事】

马援[①]十二岁就没有父母，志向却非常远大，想出门到边疆地方去垦荒。适值他的哥哥死了，他就服丧在家，周年不曾离开他哥哥的坟墓，奉事他的寡嫂，也非常恭敬，不戴帽不敢去见寡嫂。

后来做了郡督邮，押解犯人上司命府[②]去。犯人是有重罪的，押到司命府，性命必定难保，援很可怜他，就放走了他。援自己也逃到北地，就在那里牧畜为业。有许多宾客[③]都归附他，受他使役的有几百家。援常和一班宾客道："一个人在穷的时候，越加要忍耐；到老的时候，越加要奋斗，才算是一个大丈夫。"

援在那里种田牧畜，不久有了牛马羊数千头，谷几万石，于是他感叹着说道："凡人得了财产，好在能够布施，不能布施，便是守财奴了。"就将所有的分散给兄弟朋友们。

马援有一次卧病在床，梁松来问病，在床下拜见，马援不和他为礼。待到松去后，子侄辈问他道："梁伯孙是皇上的女婿，在朝廷上非常贵重，公卿以下，没有一个不怕他威势的，大人为什么不和他为礼呢？"援说道："我是松的父辈相好，他虽贵重，难道好失却见父执的道理吗？④"

武威将军刘尚去征武陵五溪⑤，全军覆没。马援得了这个消息，再想前去。这时援年有六十二岁了，皇上因为他年老，不许他去。援自己夸张道："我虽年老，还能够披甲上马。"帝令他试试看。援就披甲上马，据着马鞍，左一看右一瞧，显出他很威武可用的神气来。帝笑道："这个老头子真勇敢呀！"就派援带数万人去征五溪。援临行时和他友人杜谒说道："我累受国家厚恩，自己常常想念到了这样大的年纪，恐怕不能为国而死。今番出去，可以如愿一死报国，死了也闭得眼睛了。"

【注释】

① 马援：字文渊，扶风茂陵人。

② 王莽设置司命府，上公以下，都要受他纠察。

③ 马援到北地任氏牧畜，和他祖父兄弟往来的宾客们，都去依归他。

④《礼记》上说："见父之执，不谓之进，不敢进；不谓之退，不敢退；不问不敢对。"松的父亲名叫统，和援是老朋友。

⑤《水经注》上说："武陵有五溪，谓雄溪、樠溪、西溪、无溪、辰溪。"所谓武陵，大概现在湖北长阳、五峰等县，湖南沅江流域以西，贵州东部及广西三江、龙胜等地。

什么都不计较

【故事】

卓茂[1]做丞相府史的时候，有一天出去，在路上有一个人来寻马，见了卓茂车上的马，说是他的。卓茂问他道："你失马多少时候了？"那人说道："一个多月了。"卓茂自念这马已经用了一年多了，明知那人是错认了马，也并不分辩，就解下马来交给他。自己挽着车走，对那人说道："如果不是你的马，请你送到丞相府还我。"

过了几天，那人失去的马，果然在别处寻着了，知道自己错认了马，就到丞相府还马，对卓茂叩头谢罪。

【注释】

① 卓茂：字子康，南阳宛人。孔光称他为长厚君子。

三　奇

【故事】

鲁恭[①]做中牟令的时候，有名叫许伯的，因为和人争田产涉讼，经过好几个县令的审判，都不能解决。恭就为他们照理评判，大家都觉得自己不好，不但不再涉讼，而且互相推让，田都没有人肯种了。又有一个做亭长的，向人借了一头牛，竟不肯归还。牛主人到县来告发，恭召亭长前来，叫他还牛，亭长再三不从。恭叹口气道："这都是我教化不行的缘故！"就要交印去了。于是县中许多官吏们，都来哀求挽留，那亭长也悔过，前来请罪。

建初七年间，和中牟界相邻的地方，没有一处不闹螟（míng）灾，独不入中牟县界。济南府尹袁安听到这奇事，不大相信，派当仁恕掾[②]的名叫肥亲的人前去察访。鲁恭陪着肥亲到田野间去看看，就同在桑树下，坐着休息。适有一只雉鸟飞来，停在旁边，旁边有个儿童在那里玩儿，肥亲就和那儿童说道：“你怎么不去捕它呢？”那儿童说道：“现在雉鸟正在养生小雉，不可去捕它的。”肥亲听了这话，忽然立起来和鲁恭告别说道：“我到此地来，实在是来察看你的政绩。现在你所治理的地方，独无螟灾，这是一奇；化及鸟兽，这是二奇；就是这些小孩子们，也有仁心，这是三奇，我在此徒然烦扰你好县令呵！”说完就回去了，将情形报告袁府尹。袁府尹非常嘉奖鲁恭。

【注释】

① 鲁恭：字仲康，扶风平陵人。

② 仁恕掾：官名，主管狱事，属于河南尹。

刘宽真是宽

【故事】

灵帝引见刘宽[1]，常常请他讲经。宽往往在座上醉醺醺地睡着了。帝问他道："刘太尉醉了吗？"宽说道："臣不敢醉酒，不过责任重大，恐怕担负不了，心中忧虑得好像是醉了。"

有一天刘宽和客坐谈，客叫家奴去买酒，家奴去了好久，喝得大醉才回来，客愤怒极了，骂他是"畜生"。过了一刻，刘宽派人去看看那家奴，恐怕那家奴自寻短见，并且和左右说道："那家奴，原是人，现在骂他是畜生，这是何等羞辱的事，所以我怕他要自尽。"

刘宽的夫人知道这位太尉真是宽量大度，有心想激动他闹气。她趁刘宽将要上朝，穿戴得很严整的时候，就叫使女端着一碗肉汤送上前去，故意将肉汤倒翻在他的朝衣上。这时刘宽的神色，好像一点儿也没有觉得，反低声下气地问那使女道："肉汤烫痛你的手没有？"

【注释】

① 刘宽：字文饶，弘农华阴人。熹平五年，为太尉。

恭俭的马皇后

【故事】

马皇后，是伏波将军援[1]的小女。身长七尺二寸，方口，美发，喜欢诵读诗书。

她做了皇后，常常穿大布裙，裙边也没有什么镶饰的。每到月初月半的时候，宫中妃子们都来朝见她，望见她所穿的袍衣，很是挺直，以为是绸缎，走近一看却是厚布，不觉都好笑起来。后说道："这种厚布，宜于色染，所以用它的。"宫中人听了这话，没有一个不叹服她。

明帝常去游玩花园离宫，马后知道了，每以不可多冒风邪露雾的话，劝诫明帝，言语极其和婉，明帝也很肯听她。

有一天，明帝到濯龙园中去，许多才人[2]都在左右，有人请皇后同去，明帝说道："她不喜欢游玩，来也不高兴的。"所以凡是游宴娱乐的事，马后多不在场。

【注释】

① 伏波将军：就是马援，他是征五溪时死的，可算是开辟云南的一个先进者。

② 才人：是宫中女官名。

贤明的邓皇后

【故事】

邓皇后是邓禹[①]的孙女，五岁时，她的祖母，非常爱怜她，亲自为她剪发。祖母年老眼花，将剪刀误伤了她的前额。她忍着痛一声也不响。那立在左右的人，很觉奇怪，问她什么缘故，她道："我不是不痛，不过老夫人爱怜我，为我剪发，如果使她知道误伤了我的头额，她不要伤心的吗？所以我忍痛不响的。"

邓后幼时，最喜欢读书，十二岁就通《诗》《论语》，常常从诸兄研究经传，一心注在书本上用功。她母亲说道："你不习女工，将来怎么会做衣服呢？现在竟专心读书，你难道要赴考做博士不成？"邓后听了母亲的话，很以为是，从此日中学女工，晚上读书。家中人都称她为"女秀才"。

邓后做贵人的时候，病在宫中，和帝特命后

母和兄弟入宫看护，不限日数。邓后觉得于心不安，对和帝说道："宫禁重地，使外家人常在此间，这在陛下要受幸私的批评；在贱妾，要受不知足的批评，上下都是不便的。"和帝说道："他人都以有亲人入宫守护为荣，你反怕人说闲话，如此退让，真是难得。"

每有宴会，宫中贵人等，都竞争装饰，独邓后衣服朴素，有时服色和阴后②同的，就立刻脱换。若和阴后同时进见，她不肯正坐，欠着身很恭敬地立在阴后旁边。和帝每次问话，也不肯多说，让阴后先讲。

后来阴后见邓后名誉一天好似一天，心中非常妒忌，没有方法对付，就去请教道士，想害死邓后。

和帝忽然病了，而且病得非常危险，阴后秘密对人说道："如果我得意有权的时候，我不使邓氏留一个后人。"邓后听到这话，对左右哭泣道："我竭尽心力，奉事皇后，竟不得皇后的原谅，我情愿一死，上以报皇上之恩，中以免宗族之祸，下不使阴氏再做出人彘的祸孽来。"就想服毒自尽。宫人有名叫赵玉的，极力防护，并且诳说有人来报告皇上的病已经痊愈了。邓后以为这话是真的，才不自尽。第二天和帝果然好了。

后来阴后因为别的事情得罪，废去，就立邓后为皇后。

【注释】

① 邓禹：从光武帝光复汉室，为东汉功臣，官太傅。

② 阴后：是光烈阴皇后兄执金吾阴识的曾孙女。

灵帝做了一个梦

【故事】

宋皇后，是灵帝的后，不很得宠。从前宦官王甫枉杀了渤海王悝（kuī）和他的妃宋氏[①]。宋妃就是宋皇后的姑妈。等到宋皇后位在正宫，王甫恐怕她怨怒报仇，就和太中大夫程阿共同设法陷害宋皇后，说她有左道妖术，祸害王家。灵帝听信这话，就废了宋皇后，宋后从此忧愤而死。宋皇后的父亲[②]和兄弟也都被杀了。当时在宫中的许多小宦官，都哀怜宋氏一家死得冤枉，大家捐出钱物，来安葬宋皇后一家人。

灵帝后来得了一个梦，梦见桓帝对他发怒道："宋皇后有什么罪过？你竟听信奸言，将她杀了。渤海王悝既经贬落，又为什么杀他？现在宋氏和渤海王悝，向天上告发，已经告准，你有大罪不能挽救了。"灵帝醒来，回忆梦中情景非常清楚，不久，灵帝就死了。

【注释】

① 熹平元年，王甫在灵帝面前，诬说渤海王悝和中常侍郑飒相勾结，想迎立悝为皇帝。于是悝恐得罪自杀，宋妃被捕，死于牢狱中。

② 宋皇后的父亲名叫酆，曾做执金吾，封不其乡侯。

入狱报恩

【故事】

廉范[1]是杜陵人，从他父亲作客蜀汉，适值兵乱，父亲死了，他就寄寓在西州。等到乱平，从西州归乡里。年十五，辞别母亲，又西到蜀中去运他父亲的棺木。这时蜀郡太守张穆，是他父亲的旧属，于是送他许多盘费。他一点儿都不要，自己和客抬着棺木走到葭（jiā）萌，装上了船。不料船触石礁破了，范就抱着棺木一同沉没。后被救起，张穆听到这个消息，又派人赶送盘费来，范又坚决地不肯收受，终于将棺木运回乡里安葬了。

永平初年，陇西太守邓融，备礼聘请范为功曹。适值融被人控告，上官命令究办。范知道这件案情很难解决，想设法营救他。于是对融提出辞职，说要走了。融一时不明白他的用意，以为他是患难相弃，非常恨他。

范既辞别了融，东到洛阳，变姓名，去请求做一个廷尉的狱吏，不久，融果然因案下廷尉狱。范便得在融左右，尽心看护。融也很疑心这位忠勤的狱吏，相貌很像范，但终不料范会来做狱吏，因此问狱吏道："你的相貌，怎么和我的旧功曹一样呢？"范假怒道："你昏了。"

从此就都没有说话。融出狱后，又生大病，范就跟着出来奉事，一直到死，都没有说自己就是廉范。融既死，范亲自挽着葬车送到南阳，安葬了才走。

【注释】

① 廉范：字叔度，京兆杜陵人，是赵将廉颇的后裔。

牧猪儿

【故事】

承宫[①]从小死了父母，年八岁，为人家牧猪。乡里中有一个先生名叫徐子盛的，教授《春秋》，学生有几百人。有一天，承宫牧猪，经过徐家门口，听见徐先生正在讲经，心里非常喜欢，就不去牧猪，坐着旁听。猪主人许久不见承宫，便来找寻，找到徐家，见承宫坐着，想责打他，徐先生门下这些学生不许猪主人责打，并且留住承宫。

承宫于是就留在徐家，一面替学生们烧火扫地，一面旁听讲经，辛苦了几年，居然通晓经典，就归家做教授。从他学的人也很不少。适值天下大乱，就和学生们避难到汉中。后来又和妻子到蒙阴山中[②]耕种田地。将要收获的时候，有人出来说所耕种的田地，都是他的。承宫就尽数推让给他，不和他计较。因此出名。太尉府、司徒府、司空府都来请他，他都不去。

【注释】

① 承宫：字少子，琅琊姑幕人。

② 蒙阴：县名，有蒙山，在今山东临沂市东南。

赵憙为兄报仇

【故事】

赵憙[①]从小是有气节的。他的从兄为仇人所杀，没有儿子。这时憙年不过十五岁，就想报仇。于是藏带兵器，交结豪客，预备动手。

后来果然去报仇，适值仇人全家都在犯病，没有一个能抵抗他。憙转念仇人正在犯病，无力抵抗时，我竟杀了他们，这不是仁人君子的用心。就释放他们，并且关照他们道："你们病好了，就须避到远处去。"仇人听了，在床上叩头乞命。

后来仇人病痊愈了，自己缚着到憙家来请罪，憙不和他相见。其后终于杀了仇人。

憙后跟从更始起兵，封勇功侯，更始败，憙为赤眉兵所围困，到极危迫的时候，从屋上逃出，和老友韩仲伯等数十人带了家小，爬山过岭，逃出武关。仲伯因妻子貌美，在路上恐怕遇着坏人，反累自己受苦，就想抛弃了她。憙责备仲伯，仲伯不听，憙于是将泥污涂在仲伯妻子的面上，亲自挽着走，每次遇着强盗，想劫掠她，憙就说她是病得快要死了。因此一路无事，逃到丹水地方[②]，又遇着更始的家属们，都是赤身露体，困苦得不能行动了。憙见了，非常悲伤，将所带的绸布米粮这些东西，尽数送给他们，护送他们还乡去。

【注释】

① 赵憙（xǐ）：字伯阳，南阳宛人。

② 丹水：县名，故城在今河南内乡县，西南临丹水。

苏不韦为父报仇

【故事】

苏不韦[①]的父亲，被仇人司隶校尉李暠（hào）所害，死于牢狱中。这时不韦年十八岁，将父亲的棺木，运归乡里，殡着不葬，仰天长叹道："那为父报仇的伍子胥，不过也是个人呵！"他就决意要报父仇，一面将母亲藏匿在武都[②]山中，一面变姓名，将家产变卖了，招募剑客，想暗杀李暠。

后来李暠迁大司农，大司农府北墙下，有个稻草蓬，不韦就和兄弟们躲入草蓬中，夜里凿地道，日中避伏着。如此过了一月，那地道就凿通到李暠的寝室。不韦等就从地道中掩出李暠的床下，适值李暠到厕所去，找不到人，就将李暠的小老婆和小儿子杀了，留着一封书信而去。李暠回来一看，不觉惊惧。于是在卧室中都有武装的军士们守着，自己用板铺在地上睡觉。几乎一个晚上，换过好多地方，以防刺客。就是他自家人，也不知道他究竟睡在什么地方。每次出门，官兵们都佩着兵器随身保护。

不韦知道李暠已有警备，就连日连夜地走到魏郡，将李暠父亲的坟墓发掘，斩取了尸首，去祭他父亲。又将斩取来的头，示众说：“这是李君迁父亲的头颅。”李暠知道了，不敢作声，退归乡里，自己将祖坟都掩护着。

李暠出令捉拿不韦，好几年，都没有捉到，心中非常恼怒，吐血而死。

【注释】

① 苏不韦：字公先，扶风平陵人。他的父亲名叫谦。

② 武都：郡名，有仇池，山东西面石壁百仞，极险固。

曹操逼杀伏皇后

【故事】

献帝迁都许昌后，政权都归曹操，宿卫兵侍，没有一个不是曹氏的同党亲族。有一个做议郎的名叫赵彦，曾为帝策划时政，为曹操所恶，被杀，其余内外人等被曹操妒杀的也很多。后来曹操因事入见，献帝见了，不胜愤恨，对曹操道："你如果真能做我的宰相，那是很好；否则，请你走吧！"这时曹操不觉大惊，面无人色，叩谢出来，吓得满身冷汗。从此以后，不敢再去朝见，但骄横益加厉害。

献帝请董承女为贵人，曹操就将董承杀了，又要杀贵人。献帝因为贵人有孕，再三设法解救，终于不能保全。伏皇后①见了这场惨事，自己也很危惧，于是写信密告她父亲伏完②，说曹操怎样威逼的情形，请他秘密设法处置曹操。但伏完胆小，不敢动手。后来此事败露了，曹操大怒，勒逼献帝废去伏皇后，假造一道圣旨，派御史大夫郗虑[3]逼迫伏皇后，交出皇后的玺绶，退出正宫。又命尚书令华歆[4]帮助郗虑，带兵进宫，搜捕伏皇后。伏皇后避匿夹壁中，华歆就从壁中将伏皇后拖出来。这时献帝在外殿，正招待郗虑同坐，伏皇后披发赤足，且走且哭，经过帝前诀别道："不能救我命吗？"献帝回答道："我也不知命在何时呢！"回头和郗虑道："郗公！天下岂有这等事吗？"华歆就将伏后打落暴室[5]，死了。伏后所生的两个皇子，也都药死。

【注释】

① 伏皇后：名寿，琅琊东武人（就是现在的诸城市）。

② 伏完：这时做屯县校尉，稍有兵权。

③ 郗（xī）虑：字鸿预，山阳高平人。

④ 华歆：字子鱼，平阳高唐人，这时代荀彧为尚书令。

⑤ 暴室：皇后贵人有罪，则入此室。

伏不斗赈饥平盗

【故事】

从伏胜[①]以后，他的子孙，世世传授经学，到了伏湛更是安分守己，不和人家争意气，因此便得了一个“伏不斗”的外号。

更始时，伏湛做平原[②]太守。这时各处兵起，人心浮动。伏湛却很镇定，每天在公务余闲，仍旧以经术教授弟子。他对夫人说：“现在百姓都饿着肚子，我们倒吃得很饱，心里着实有些不忍。”于是便改食粗米，把所得的俸禄，分给乡里穷苦的人，一时靠他养活的，约有一百多家。

光武帝即位后，召伏湛进京，给他做大司徒的官。这时候，贼酋徐异卿率徒党万余人，占据富平[③]，声势浩大，官兵屡次出去攻打，他总是顽强抵抗，不肯归顺。光武帝知道伏湛平日的声望，素为青、徐[④]一带的人民所信服，便命他到平原去招抚异卿。异卿本来曾经说过:“情愿投降司徒伏公。”这时见他亲自前来,即日带领徒党,向他投诚,并且送他回到洛阳。

【注释】

① 伏胜:就是伏生,汉济南人。伏湛是他的后代,字惠公,琅琊东武人。官至尚书,封不其侯。

② 平原:郡名,故治在今山东平原县南二十里。

③ 富平:县名,属平原郡,故城在今山东阳信县东南。

④ 青、徐:即青州、徐州,当今山东及江苏安徽之北部地。

逃出两次性命

【故事】

杜林[①]字伯山，学问渊深，识见广博，当时人称他为“通儒”。他起初做郡吏。王莽末年，他和他的兄弟杜成和孟冀、范逡（qūn）等到河西[②]去避难，在路上遇着了几千土匪，所有财物，都被劫夺了去。有几个土匪，拔出了刀，要把杜林一班人杀死，幸亏经孟冀婉言哀恳，才得免了。

杜林等到了河西——隗嚣[③]所割据的地方，颇受隗嚣的优待。依隗嚣的本意，原想杜林在他手下做官，借此收揽人心，可是杜林不肯屈节相从。不久，杜成得病死了，杜林便向隗嚣请求，要把兄弟的尸棺运回本乡去。隗嚣起先已经答应了他，等他动了身，却又懊悔起来，立刻派一个刺客杨贤追赶上去，叫他在半路上杀死杜林。杨贤到了陇坻[④]地方，果然追着了杜林，看他亲自推着鹿车，车上载着他兄弟的尸棺，光景非常凄惨。杨贤心中有些不忍，叹息着说：“现在的时候，好人是太少了，我虽然是小人，岂可把这个义士害死?”因此终于放过了他。

光武帝知道杜林已经平安回里，便召见他，叫他做侍御史，重重地赏赐了他。

【注释】

① 杜林：扶风茂陵人。后官至大司空。

② 河西：当今甘肃宁夏一带。

③ 隗嚣（wěi áo）：字季孟，成纪人。王莽末年，据陇西，自称西州上将军，后为光武帝所征服。

④ 陇坻（lǒng dǐ）：即陇山，在甘肃境内。

忠孝信义的刘平

【故事】

更始时，各地盗匪蜂起，杀害良民。有一个彭城人刘平[①]，带了母亲、兄弟、儿子、侄女等，到别处去躲避。在路上遇着盗匪，他的兄弟刘仲，竟被杀死了。刘平恐怕盗匪再来，想把自己的儿子抛弃了，保留侄女——刘仲的女儿——以便抱着奔逃。他的母亲却不肯抛弃孙子。刘平说："在此紧要关头，我一个人的力量，不能照顾两个孩子。现在仲已死了，他只有一个女儿，不可断绝他的血统。"便抱着侄女，和母亲拔步飞跑。一会儿，远远地望见又有盗匪来了，只得躲在树林中，等天明再逃。

他把母亲侄女安顿好了，独自再走出树林，打算张罗些吃的东西，不料在半路上，又遇着了盗匪，竟被他们捉住了，要杀死他。刘平恳求道：

“今天出来，特地为老母办蔬菜。老母的生命，完全靠着我，让我把食物送给母亲后，再来受死。”说罢，呜呜地哭着。匪徒哀怜他的孝思，竟释放了他。

刘平回去，对母亲说：“我是和盗匪约定的。他们既放我回来，我不可以不去。”于是再投到匪区里来。匪徒一见，大为惊奇，说道：“现在居然还有像你这样守信义的人，真是难得。你去吧！我们怎忍杀死你呢？”说着，仍旧放他回去了。

后来刘平做彭城郡吏，适值平狄将军庞萌反叛，他跟着郡守孙萌，带兵去征讨。他拿着雪亮的刀子，护卫着孙萌，和敌人奋斗，因此他的身上，受创多处。他却忍住痛楚，说道：“情愿牺牲自己的身体，替代府君②。”庞萌看他这样忠勇，很是钦佩，对部下说：“这是义士，不可杀他。”于是收兵回去。

这时候，孙萌受创甚重，口渴求饮。刘平就把自己身上创口里滴出来的血，注入孙萌口里，解除他的口渴。过了几天，萌竟死了，刘平收殓他的尸体，把他的灵柩（jiù）运回本乡。

【注释】

① 刘平：字公子，楚郡彭城人。官至全椒长。

② 府君：指孙萌。

守法奉公的祭将军

【故事】

祭遵[①]字弟孙，家中很有钱，生性慷慨，极喜救人的急难。可是他待自己却非常节俭：平日爱着布衣，盖布被；他的母亲死了，亲自负土做坟，不雇用工人。他的兄弟因为他没有儿子，特地送给他一位如夫人，希望她能生子。祭遵坚决不受，他说："我既要为国家服务，出入战阵，自己的生命尚且不顾，哪里还顾得到后嗣（sì）？"

他从光武帝征河北[②]，做军市令[③]，执法无私。有一个素为光武帝所宠爱的舍中儿[④]犯了法，祭遵不容情面，把他捉来杀死。光武帝大怒，命左右收押祭遵。主簿陈副谏道："明公（指光武帝）希望军队整齐，纪律严明。现在祭遵对于不论什么人犯了罪，一律以军法从事，这就是实行您的教令啊！”光武帝听了他的话，便赦免祭遵，任祭遵为刺奸将军，并且对诸将说：“你们须得小心，防备祭遵。我的舍中儿犯了法，尚且被他所杀。他对于你们，也当然决不宽恕的。”

建武二年，光武帝拜祭遵为征虏将军，叫他带了兵征讨弘农⑤等地的蛮人。祭遵到了那里，和蛮人大战。蛮人的箭如雨一般地射来，其中一支突然射中祭遵的咽喉。祭遵急忙把箭头拔去，口中吐血不止，可是他还是奋勇作战，不准部下后退。结果，蛮人大败，都逃跑了。其他新城⑥地方的蛮人，也被他平定。

祭遵死后，光武帝很想念他，每次朝会，老是对群臣叹息着说：“哪里还有忧国奉公的臣子，像祭征虏一般的？”

【注释】

① 祭遵：颍川颍阳人。官至征虏将军。死谥成侯。祭，音 zhài。

② 河北：指今河北、河南的黄河以北地。

③ 军市令：就是军法官。

④ 舍中儿：皇帝左右的侍从官。

⑤ 弘农：郡名，治在今河南灵宝市南。

⑥ 新城：县名，故城在今河南洛阳市南。

不愿做官的严先生

【故事】

光武帝的同学严子陵①，人品极高。光武帝即帝位后，子陵改姓换名，隐居乡间，不肯露面。光武帝却念念不忘子陵，因为不知道他的住址，把他的面貌形状写明了，派人向各处访求。后来有人上书给光武帝，说有一男子，披了羊裘，在大泽中钓鱼。光武帝料到这男子一定是子陵了，特地备好车子和礼物，派一个使臣去聘请。使臣往返三次，才找着他。

子陵因光武帝盛情难却，只得动身，到了洛阳。光武帝亲自驾着车子，到他的寓所来访问。子陵卧在床上，不肯起来。光武帝走进卧室，在床前抚着他的身体，说道："咄咄（duō）子陵，你不肯帮助我办理国事吗？"子陵仍旧睡着不动。一会儿，他张开双目，注视光武帝，说道："从前有个巢父，有人告诉他说：‘唐尧做皇帝了。’他便用水洗耳，表示不愿意听到这种功名利禄的事，可见各人有各人的志趣，你何必这样强迫我呢?”光武帝知道他不肯做官，便叹息着上车去了。

过了几天，光武帝请他入宫，和他畅谈从前同学时的故事。夜间同睡一床，子陵竟毫不客气地把自己的脚搁在光武帝的肚子上。这时候，光武帝还要请他做谏议大夫的官。可是子陵心目中，本无所谓帝王的尊贵，尤其谈不到做官，所以他终于不屈。回去之后，仍旧在富春山②下耕种田地，自食其力，到八十岁才死。这位老先生的清风亮节，可说是千古一人了。

【注释】

① 严子陵：名光，一名遵，字子陵，会稽余姚人。

② 富春山：在浙江杭州市富阳区。

“强项令”和“卧虎”

【故事】

光武帝时，董宣①正在做洛阳令。有一个湖阳公主②的仆人，竟倚仗威势，在青天白日之下，胡乱杀人。董宣知道后，命差役捕缉凶手。那凶手出事后，就躲在湖阳公主的家中，希图脱罪。差役们都奈何他不得。

过了几天，湖阳公主带着那行凶的仆人，坐了车子出门来。董宣得到这个机会，预先在路亭上等候，公主的车子快要经过，他便上前扣住车子，以刀划地，当众宣布公主窝藏凶手的罪状。并且逼令凶手下车，立刻把他杀死，抵偿了杀人罪。

公主受此惊吓，急忙回转车子，走进宫中，把这事对光武帝哭诉，要求惩办董宣。光武帝大怒，立刻派人叫了董宣来。要把他打死。董宣却叩着头对光武帝道："让我说一句话，再死。"光武帝道："你要说什么？"董宣道："陛下③复兴汉朝，是有圣德的人，怎么竟纵使奴仆，杀害良民？从此以后，用什么方法治理国家？我不须受打，还是自杀吧！"说着，他把自己的头向柱子上撞去，血流满面。光武帝恐怕他真的撞死，便命人把他挟持了，逼着他向公主叩头谢罪，就算了事。可是董宣不甘屈服，执意不肯。

湖阳公主却对光武帝说："你从前做平民的时候，包庇罪犯，官吏不敢进门来搜索。现在你做了皇帝，权威号令，反而不能降服一个区区县令吗？"光武帝笑道："皇帝和平民，不能相比的。"——意思就是：皇帝自己应该以身作则，不比得平民可以胡乱犯法，包庇罪犯。

光武帝见董宣态度刚正，执法无私，就给他起一个外号，叫作"强项令"，并且赏赐三十万钱，释放出宫。宣回到县署，把这笔巨款，统统分给属吏们，他自己一点儿都不要。从此以后，他办理公事，格外认真，一班豪强，都非常怕他。因此京师人也给他起一个外号，叫作"卧虎"。

【注释】

① 董宣：陈留圉人。

② 湖阳公主：光武帝的姊姊。

③ 陛下：臣下对君主的称呼。

一位贤明的夫人

【故事】

有一天，乐羊子①在路上拾得一块儿金子，心里非常愉快，回家后，便送给他的夫人。照理，他的夫人应该表示同样地愉快。可是她的心里却大不以为然，对羊子说："我曾经听说，'志士不饮盗泉之水，廉士不受嗟（jiē）来之食。'意思就是：有志气的人，嘴里虽渴，找不着饮料，可是他决不喝匪窟里的泉水；廉洁的人，肚里虽饥，找不着食物，可是没有礼貌地给他食物，他也不高兴去吃的。况且，你拾得的金子，是人家遗失的，现在人家或许还在找寻，你却偷偷地拿来，当作自己的了，这于你的人格上，怎么说得过去呢？"

羊子听了，非常惭愧，便拿了金子出门，把它放在原处。他从此便访寻良师，立志读书，过了一年，才回家来。这时候，他的夫人正在织帛，问他回家的原因。羊子答道："出门好久，不免怀念，却没有别的原因。"他的夫人随即拿了一把剪刀，指着织机，对羊子说："这匹帛，最初由蚕结茧，由茧缫（sāo）丝，再由丝用机杼织成为帛。积一缕一缕的丝织成了一寸，积一寸一寸的丝织成了一尺，这样，积尺成丈，积丈成匹。假使我把这匹帛剪断了，岂非白废光阴，枉抛心力？你在外读书，要知道学问无穷，即使天天用功，尚且研究不完。学业未成，中途回家，这和我剪断这匹将成的帛，有什么两样？"

羊子听了夫人的教训，便出门继续求学。他的夫人在家操劳，孝养婆婆，不辞劳苦。她又常常把饭菜送给羊子，使他安心读书，不必照顾家事。七年之后，羊子居然学成了。

【注释】

① 乐羊子：河南人。

兄弟让产

【故事】

许武[①]、许晏、许普，兄弟三人。许武是长兄，品学兼优，教育两位弟弟，极费苦心。明帝时，会稽太守第五伦，把他的行状奏闻政府，举他为孝廉[②]。许武这才有了做官的资格。

许武自己虽然举了孝廉，可是他的两位弟弟，依然耕种度日，尚未成名。他于是想出计划，向弟弟要求分居，把家中所有的财产，分作三份。凡是肥沃的田地和高大的屋子，都由自己占有了；强壮的奴仆，也归他自己使用；许晏、许普所得的，只是些薄田破屋，以及不堪役使的奴仆，但他俩并不计较。因此乡里中人都讥笑许武的刻薄贪婪，称赞晏、普的宽大谦让，有的人便把这事告诉官厅。结果，他们俩也都举了孝廉。

许武见两位弟弟都已得了官职，心中当然十

分愉快。于是邀集了亲族邻里们，当众宣布自己的苦衷，他说：“我做长兄，并无什么才能。从前举孝廉的时候，因为两位弟弟尚未成立，所以我借了分居的事由，自己取得良田大宅，把其余的分给他们。这样，使他们有让产的美名，博得人家的称誉，他俩竟因此都举了孝廉。我自己呢，却因此受人唾骂，直到今天。现在我的产业，经逐年的扩充，比从前要增加三倍了。我情愿完全把它拿出来，让给二位弟弟，我自己却一点儿也不要。”

大家听了这话，才知道许武从前的霸产和现在的让产，都有深意。对于他的友爱之情，更表示十二分的钦佩。

【注释】

① 许武：会稽阳羡人。官至长乐少府。

② 孝廉：汉代选举的科名。郡守国相，选举本乡有德行才能的人，荐于政府，备政府录用，是为举孝廉。

义仆李善

【故事】

李善①起先在富翁李元家中做仆人。建武②时候，疫疠盛行，李元全家的人，一个个地死了，只剩了一个出世不久的儿子叫作李续③的，情况极是凄凉。哪知李元家中的男女仆役们，竟共同商议，要想谋杀幼主，瓜分他的千万遗产。其中只有一个李善是有良心的，他却竭力反对这种非法举动，但是一个人的力量，不能制裁他们，便趁他们不防备的时候，抱了幼主李续逃出，躲在瑕丘④的乡间，亲自抚养，很是当心。

李续到了十岁光景，知识渐开。李善陪着他暗暗地回到本乡，把那班谋吞家产、企图杀害主人的男女仆役们，在官厅里控告了一状，要求惩办。这时候，做瑕丘县令的，是钟离意，非常钦佩李善，因此上书政府，表扬他的行状。光武帝便下诏征李善和李续入京，都授了太子舍人的官职。

明帝时，李善升任日南太守[5]。他从京师到日南去，必须经过李元的乡里。在他快要到李元的坟墓，不过一里光景，便脱去官服，拿着锄头拔草，一直拔到墓前为止。这是表示自己曾经做过仆役，替主人服劳的意思。于是祭扫坟墓，哭拜了一会儿，才到任所去。

【注释】

① 李善：字次孙，南阳淯阳人。官至九江太守。

② 建武：光武帝年号。

③ 李续：官至河间相。

④ 瑕（xiá）丘：故城在今山东济宁市兖州区西北。

⑤ 日南：郡名，当今越南中部地方。

“不入虎穴，不得虎子”

【故事】

班超[1]在少年时候，就怀着远大志向。因家境贫苦，只得在官衙内当一名书记，但他不愿干这无聊的工作，常常投笔叹道：“大丈夫应当到外国去发展，怎么可以长此在笔砚间过着生活呢?”

过了几年，他奉了奉车都尉窦固[2]的命令，出使到西域[3]各国去通好。他到西域去的同伴，只有三十六人。他们先到了鄯善国[4]，鄯善国王广，起初很优待他们，后来忽然怠慢了。班超便对三十六人说：“这真奇怪。为什么广起初待我们很好，现在倒怠慢起来了？这一定是匈奴也派了使臣到这里来，广因此心中不能决定是投顺汉朝好呢，还是联络匈奴好呢。——凡是聪明的人，当事情尚未发生，就能够预先料到了，况且这件事，现在是已经很显著了。”他于是叫了服侍他们的那个胡人来，恫吓他说：“匈奴的使臣，已经来了几天？现在他们住在什么地方？”那胡人被他一吓，只得老老实实地说了出来。班超这才完全明白了。

班超觉得这事已在紧要关头，应该随机立断，便把所有侍奉他的胡人，一齐关起来，免得走漏风声。然后请了三十六人出来，和他们喝酒，大家吃到半醉的时候，班超忽然站起来，用严肃的语气激励他们道：“我和你们，到这样辽远的边疆来，无非要为国家建立一番大功劳。现在，匈奴的使臣来了没有几天，鄯善王待我们的态度，就不如从前了。如果他竟把我们送到匈奴去，不但不能建功立业，就是我们的骸骨，从此只好给豺狼⑤吃了。这怎么好呢？”三十六人一齐回答道：“现在既在危急的当儿，死生都由你作主罢了。”班超说：“不入虎穴，不得虎子。现在唯一的计策，便是趁今天晚上昏黑的时候，用火去攻匈奴使臣的住所。他们不知道我们人数多少，一定很害怕，我们就把他们全体杀死。这样，鄯善国王一定恐慌，我们的事情，也一定能够成功了。”大家都说：“好！”

天色渐渐晚了，到了初更时候，班超便率领三十六人出发。这时天正刮着很大的风，超便命十多个人各拿着鼓，在匈奴营的后面埋伏着，和他们约定：一看见火光，就打起鼓来呼噪。又命其余二十多人，都拿了弓箭，埋伏在门的两旁。布置既毕，班超便顺风放火，前后鼓噪，震动天地，匈奴营中顿时大乱，大家东奔西逃地乱闯。班超在这纷乱中，亲手杀死了两个匈奴使臣，其他匈奴人被他手下杀死的有三十余人，被火烧死的也有百余人。

第二天，班超便请了鄯善国王来，把杀下的头颅统统给他看。鄯善王大吃一惊，连全国人民也都恐慌了。于是鄯善王愿把王子做抵押品，归顺了汉朝。

【注释】

① 班超：字仲升，东汉时扶风平陵人。任西域都护，封定远侯。

② 窦固：字孟孙，明帝时，出击匈奴有功，官至光禄勋卫尉。

③ 西域：汉以后对玉门关、阳关以西地区的总称，包括今新疆及亚洲中西部以至欧洲东部、非洲北部。

④ 鄯（shàn）善：西域国名。

⑤ 豺狼：指匈奴。

虞诩增灶破羌

【故事】

虞诩[①]从小就死了父亲。他侍奉祖母，非常孝顺，祖母活到九十多岁，等她死了，才出去做官。

永初[②]四年，羌（qiāng）人大举入凉州[③]。因为凉州地处边疆，当时政府中人，都主张把它放弃，以为可以节省些军费。虞诩却力持不可，他说："中国土地，应竭力保守，虽尺地寸土，也不容放弃。"他眼见羌人都是骑马，来去很快，汉兵徒步追逐，无济于事。因此主张训练骑兵，来抵制羌人。政府听了他的话，大练骑兵，以后出战，屡次得胜。元初[④]二年，羌人入武都[⑤]，诩奉了政府的命令，带了兵士去防守。他到了陈仓[⑥]，被数千羌人围住。因为自己兵少，暂不前进，一面假意宣言正在向政府请兵，等兵到后再出发。羌人相信了，就向四处散开，去往邻近的郡县。虞诩见羌人分散，便立刻开拔部队，昼夜不停地走，并且想出了一条妙计，掩饰他的兵少：第一天，叫兵士们应该起一灶的都起两灶，第二天起四灶，这样地天天加上去，灶的数目越加越多。原来古代军事情形，兵士们必须随带粮食，随地起灶煮饭，所以灶的多少，与兵士的多少成正比例。羌人看见了，就互相传说，一定是汉兵开到了许多，所以他们饭要多煮，灶自然要多起了。因此羌人不敢来逼近。

诩到了武都，看看自己的部队，到底不满三千，羌人却有一万多。因命兵士先用小弩发箭，故意示弱，诱敌前进之后，便突然用大弩射击。羌人大惊，都逃了回去。诩率兵追赶，杀伤羌人很多。但他仍恐汉兵的虚实，被羌人窥破，因此又把兵士们分为数组，叫他们从东门出去，北门进来。接着，再叫他们换了别的衣服，照样地进出。羌人见此情形，不知道汉兵的确实数目，总以为一定不在少数，因此他们都起了恐慌，准备退却。虞诩预先在中途埋伏着兵士，等到羌人走近，大家出其不意，突起攻击，竟把羌人杀得大败，羌人就此溃散了。

诩回到武都，建筑军营，驻扎兵士，一面招集流民，开垦土地。结果，不但边境得了保障，并且交通便利，户口日增，生产丰富，与两三年前的武都比较起来，大不相同了。

【注释】

① 虞诩（xǔ）：字升卿，陈国武平人。

② 永初：东汉安帝年号。

③ 凉州：在今甘肃省地。

④ 元初：东汉安帝年号。

⑤ 武都：郡名，治在今甘肃西和县。

⑥ 陈仓：故城在今陕西宝鸡市东。

死里逃生的杜根

【故事】

汉安帝即位的时候，年龄只有十三岁。邓太后①临朝，叫她的哥哥邓骘②掌握政权。后来安帝年龄渐长，政权仍在邓氏的手里。郎中杜根③看不过去，便上书直谏太后，劝太后把政权还给皇帝。太后大怒，叫执法官用绳子绑住杜根，盛在布袋中，把他打杀。谁知执法官有心要救他，暗地吩咐行刑的人，不可用力，让他留一口气；然后把杜根的尸体，胡乱地载出城外去丢了。

一会儿，太后疑心杜根没有死，便派人到城外去检视。杜根虽然渐渐苏醒，可是仍旧装着假死，直挺挺地睡在地上不动。那人回去报告太后，太后才相信杜根真的死了。过了三日，杜根逃到宜城山④，变了姓名，在一家酒店里做堂倌。这样混了十五年，酒店主人才渐渐地知道他从前的历史，非常优待他。

后来，邓太后死了，宦官李闰等诬告邓骘谋废立，安帝相信了，便罢斥邓氏，邓骘当即自杀了。朝臣们都趁此机会，替杜根申冤。安帝便命令地方官，征求杜根的子孙，打算提拔他们。不料调查的结果，竟发现杜根尚在人间，安帝便命人用车子接他到京，叫他做侍御史。

有人问杜根道：“你从前遭难的时候，为什么不到亲戚或朋友家里去躲避，却情愿做酒店里的堂倌呢?”杜根回答道：“那时我如果逃到亲戚或朋友家里去，一旦被人发觉，便须连累了他们。所以我情愿在酒店里做堂倌。”

【注释】

① 邓太后：名绥，汉和帝后。殇帝、安帝时临朝听政，凡十余年。

② 邓骘（zhì）：一名陟，字昭伯，新野人。官至大将军，封上蔡侯。

③ 杜根：字伯坚，颍川定陵人。举孝廉。顺帝时，官至济阴太守。死年七十八。

④ 宜城山：在湖北宜城市境内。

左足心一粒黑痣

【故事】

余姚人黄昌[1]，在官衙内当一名书佐[2]。一天，他的夫人戴氏，归宁母家，走到半路上，竟被强盗掳了去。从此她辗转流徙，到了蜀郡[3]，再嫁丈夫。其间经过的磨难，当然不用说了。

后来，黄昌升任蜀郡太守。恰值戴氏后夫所生的儿子，犯了法，戴氏便到太守公堂中来，替儿子申辩。——黄昌和戴氏，相隔多年，此刻在公堂相见，当然不认识了。可是黄昌听戴氏谈话，不像蜀人的口音，顿起疑心，便问她的家世。戴氏答道："我本是余姚人戴次公的女儿，书佐黄昌的夫人。我从前因被盗所掳，流入蜀地，不得已再嫁人、生子。这个犯法的儿子，就是我生的。"

黄昌听了，目瞪口呆，回想前情，非常悲戚。便又问她道："黄昌是你的丈夫可有什么证据呢？"

戴氏答道："黄昌的左足心，有一粒黑痣。他自己常常说：'将来可以做到二千石④的官。'"昌立刻脱去了袜子给她看，在他的左足心，果然发现了一粒黑痣。于是戴氏才知这太守就是她的丈夫，两人相对悲泣了一会儿，戴氏终于脱离了后夫，仍旧和黄昌做夫妇。

【注释】

① 黄昌：字圣真，官至太中大夫。

② 书佐：办理文书的官吏。

③ 蜀郡：今四川省。

④ 二千石：汉制，郡太守的俸米，为二千石，所以太守可称为二千石。

笃于友谊的范式

【故事】

范式[1]少年时候，在京师[2]太学里读书，和同学张劭[3]，非常要好。一天，他俩告假回里，临别的时候，式对劭说：“两年之后，我要到你家里来，拜望你的母亲，并且看看你的儿子。”于是约好了日期，各自回里。

后来约定的日期快要到了，张劭便对他的母亲说明原因，请求母亲预备酒菜，等候范式。母亲摇着头说：“你和范式，已经分别了两年；彼此相距，又有千里路程。他从前说过的话，你为什么这样地相信呢？”张劭回答道：“巨卿是守信的人，决不会违约的。”母亲说：“如果他真的会来，我当然应该替你备办酒食。”

到了约定的那天，范式果然到了。式登堂拜母，张劭殷勤地招待。大家饮酒畅谈，尽欢而别。

过了几年，范式再入太学受业。有一个长沙的同学叫作陈平子的，和范式本没有什么特别感情，可是，平子病得要死的时候，对他的夫人说："山阳④范巨卿，是一位极有义气的人。我的身后事，要托他办理。你只要把我的尸体抬到他的屋子旁边去，他自然会替你设法的。"他又写了一封信，派人交给范式，信中所说的，大概便是嘱托他的话。

平子死后，他的夫人果然照着他的遗嘱，把他的尸体抬到范式门前去。范式看了平子的尸体和他的那封信，心中大为悲伤，便对着尸体哭了一会儿。于是设法把平子的尸体用棺木盛殓了，连同他的家小，亲自护送回湘。平子的兄弟，钦佩范式的高谊，要请他到家面谢。可是范式不愿受酬，早已回去了。

【注释】

① 范式：字巨卿，山阳金乡人。官至卢口太守。

② 京师：指后汉都城洛阳。

③ 张劭（shào）：字元伯，河南汝南人。

④ 山阳：郡名，治在今山东金乡县西北四十里。

爱才的郭林宗

【故事】

郭林宗①身长八尺，状貌魁伟。他周游郡国，极喜奖励后进，提拔人才。因此他的声誉，一天大似一天，推为当时知识界中的模范人物。下面这几个人，就是受了他奖励而成名的：

（一）陈留人左原，在郡学读书，因为违背规则，被学校斥退。一天，林宗在路上遇着他，便请他饮酒，劝他从此改过，他答应了。有人对林宗说："像他这样的坏人，你为什么要和他来往呢?"林宗道："这种人，要用言语好端端地感化他才是。如果和他蛮干，一定会越弄越僵!"可是左原因被学校斥退，恨极了一班同学，便带了几个流氓，到学校中来，打算报复一下。恰值这一天，林宗也在校中。左原一见，大为惭愧，终于不敢有所举动，从此决心学做好人。

（二）陈留人茅容②，在田间耕种。有一天，天下雨了，他和农夫们在树下避雨。农夫们都蹲着谈笑，丑态百出。只有茅容端端正正地坐着不动。林宗走过树下，一见茅容，便和他谈话，非常投机。因为天色已晚，茅容就请林宗到他家中去留宿。到了第二天，茅容杀了一只鸡，林宗还以为他是请客人吃的。不料茅容把鸡煮熟后，连忙拿去献给母亲，他自己却拿了几盆蔬菜，和林宗一同吃饭。林宗大为佩服，对他拜了几拜，说道："你真是个贤孝的人啊！"便劝他读书。后来茅容终于成为有德之人。

（三）钜鹿人孟敏③，耽搁在太原地方。一天，他背了一口煮饭的瓦甑（zèng），在路上行走，略不当心，堕地破了。他并不回头顾虑，若无其事的，仍向前走。林宗问他为什么不回头看看呢，孟敏回答道："甑已破了，看它做什么？"林宗看他言词爽直，态度大方，很爱重他，因此也劝他出去求学。十年之后，孟敏的声誉已经很好了，政府召他去做官，他终于没有答应。

【注释】

① 郭林宗：名太，太原介休人。世称郭有道。

② 茅容：字季伟。

③ 孟敏：字叔达。

“贾子”“贾女”

【故事】

汉桓帝时，有一个新息县①县令，名叫贾彪②的，待百姓极好。新息人家境贫困的，本来有一种坏风俗：凡是子女刚出世，就把他们溺（nì）死了。因此新息境内人口减少，生产凋敝。

贾彪到任后，首先下令，严禁这种恶俗：凡是溺死子女的，一经查明，便要判一个杀人罪。恰值这时候，城南地方，发生强盗劫财害命的事件；城北地方，发生妇人杀子的事件。彪带了掾吏③，到出事地点去勘验。掾吏主张先到城南，后到城北。贾彪却主张先到城北，后到城南，他说：“强盗杀人，不足为奇；新母杀子，大背人道。”便先到城北勘验，查明确实情形，就把那妇人斩首示众。城南的强盗，得此消息，用绳子缚住自己的手，连忙向官厅去自首。

民间的穷苦孩子，从此便有了保障，人口也就增加起来了。他们都说："这些小百姓，都是靠了贾父——指贾彪——的福，才得生长的。"便把所生的男孩子，称作"贾子"；把所生的女孩子，称作"贾女"，用以纪念贾彪的功德。

【注释】

① 新息：今河南息县。

② 贾彪：字伟节，颍川定陵人。

③ 掾吏：官厅中辅佐长官办理政务的属吏。

赵苞弃母抗敌

【故事】

赵苞[①]做辽西[②]太守的时候，办事很有威严，边疆地方的人民，没有一个不怕他的。他到任后，派人回乡迎接家眷，不料到了柳城[③]地方，恰值鲜卑人[④]——有一万多人——到来。赵苞的母亲和妻子，都被鲜卑人掳了去。鲜卑人知道她们是赵苞的家眷，便异想天开，押了她们来攻打辽西郡城，希望赵苞不再抵抗，投降鲜卑。

这时候，赵苞带了步兵骑兵两万人出城，和鲜卑人面对面地扎起阵营。鲜卑人便在阵前押着他的母亲，给赵苞看。赵苞才知母亲被掳，禁不住放声大哭，便对母亲说道："我因为母亲远在故乡，不便奉养，特地派人来迎接，不料反连累了母亲了。……"他的母亲回答道："威豪！各人自有天命，你可以不必顾全我！从前王陵的母亲，因为不许儿子投降项羽，她自己虽然被项羽所掳，却情愿自杀，希望儿子一心归汉。现在，你须打定主意，不要为了我，放弃守土的责任。”

赵苞听了母亲的话，立刻督军前进，把鲜卑人打得大败而退。可怜赵苞的母亲和妻子，竟被鲜卑人在退却时杀死了。汉灵帝知道了这回事，非常哀悼，因为赵苞守土有功，他的家眷竟因此殉难，便下诏吊慰，封赵苞为鄃侯。赵苞却不愿受封，他说：“我因为受了国家的俸禄，以致母亲为敌人所害，忠孝不能两全，还有面目见人吗？”一时悲伤极了，终于呕血而死。

【注释】

① 赵苞（bāo）：字威豪，甘陵东武城人。

② 辽西：汉郡名，治阳乐，在今辽宁义县西。

③ 柳城：在今辽宁朝阳市南。

④ 鲜卑人：汉代东胡民族，其据地在今辽宁、内蒙古境内。

火马破匪

【故事】

汉灵帝时，杨璇[①]做零陵[②]太守。那地方东界桂阳[③]，南界苍梧[④]，盗匪极多。他们常常联结了攻打邻近的郡县，零陵居民大大地受到他们的骚扰。

杨璇见匪势猖獗，自己的兵力单薄，不能对抗，便想了一个方法：制造马车数十乘，用许多袋子盛着石灰，摆在车上。再在马的尾巴尖上系着些布索。同时又制造了许多兵车，车上载着强弓硬弩。准备既毕，便令马车首先出发，顺着风势，散播袋中的石灰，使匪众的双目都迷住了，不得审视。再用火点着马尾上的布索，便立刻燃烧到马身上，这数十匹马都痛极狂奔，声势汹汹。于是敢死队跟着冲锋，直入匪营。接着便是兵车，车上的箭如雨一般地射去。一时锣鼓齐鸣，人喊马嘶，震动天地。匪众看见这种情形，吓得不得了，都纷纷溃散。官兵继续追击，杀死匪众无数，匪首也被斩首示众。这一来，零陵边境盗匪肃清，境内就非常太平。

当时荆州刺史赵凯，把这事奏闻政府，因为妒忌杨璇的功劳，竟把他一笔抹煞了。哪知政府中人也就相信了他的话。杨璇心中不平，便咬出自己臂上的血，割下了一块衣襟，把平匪的经过情形，详详细细地写了一封奏章，呈奏灵帝。灵帝明白他的冤枉，便召他进京去，叫他做议郎。赵凯因为诬告，也办了罪。

【注释】

① 杨璇（xuán）：字机平，会稽乌伤人。官至尚书仆射。

② 零陵：郡名，治泉陵，故城在今广西全州西南。

③ 桂阳：郡名，故治在今湖南耒阳市。

④ 苍梧：郡名，故治即今广西苍梧县。

皇甫嵩大破黄巾军

【故事】

钜鹿[1]人张角，素信道教，平日用符水禁咒，给人治病，秘密收罗徒党，有数十万人。中平元年[2]，张角自称“天公将军”，和他的兄弟张宝、张梁——一称“地公将军”，一称“人公将军”——带领信众起义。这些信众，都用黄巾裹头，作为标记，因此大家都称他们为“黄巾军”。他们攻陷州县，杀戮官吏，声势十分壮大。一时京师震动，北方大乱。

政府急忙召集大臣，商议对付的办法，结果，决定派皇甫嵩[3]等，带领全国精兵，前去征讨。不料嵩到了长社[4]，竟被黄巾军团团围住。嵩的部下，因为人数不多，全都有些着慌起来。嵩对他们说：“用兵在于变化，不关乎兵的多少。现在黄巾贼依草结营，我认为非常危险。如果我们在晚上顺着风势，放起火来，贼必自相惊扰。我们乘机向贼营进攻，一定可以成功。”恰巧当天晚上，就起了大风。嵩便命令兵士各自拿着芦苇，在城上等候着；另外派了些兵士出城，偷入军营，放火大叫。城上兵士立刻擂鼓接应，燃起芦苇，向黄巾军营冲去，黄巾大乱，纷纷逃跑。嵩率兵追赶，并且联合了朱儁、曹操的军队，和黄巾军大战，一连斩了数万人，直打到汝南⑤，这一支黄巾军便溃散了。

嵩再进兵，和张梁对垒于广宗⑥，因为探悉张梁的势头很盛，便命兵士坚守营垒，不准出击。渐渐地，等到黄巾军的军心有些懈怠了，才不动声色地，在夜间开拔部队，赶去和黄巾军接触，从黎明时候开始，一直战到黄昏，黄巾军大败。张梁和他的部下三万余人都被斩杀，跌在河里死的也有五万多人，被俘获的更不计其数。这时候，张角已死。嵩命兵士劈开他的棺木，斩了他的尸首，传送到京师。嵩为彻底肃清黄巾军，因此又和钜鹿太守冯翊的兵联合了，攻打张宝于下曲阳⑦，结果又得了大胜，斩了张宝，生擒了他的部下十多万人。

这一来，黄巾首领都死了，大乱平定。政府拜嵩为左车骑将军，兼领冀州⑧牧，封槐里侯。嵩上书政府，要求将冀州一年的田租，赈济饥民。政府答应了。因此冀州的百姓，都非常感激他，特地作了一首歌，留作纪念：

“天下大乱兮市为墟⑨，母不保子兮妻失夫。愿得皇甫兮复安居！”意思是：“天下大乱，市街都被烧成废墟；母亲失掉了她的儿子，妻子失掉了她的丈夫；希望这位皇甫将军来，我们才能得平安的居住。”

【注释】

① 钜（jù）鹿：今河北平乡县。

② 中平：汉灵帝年号。

③ 皇甫嵩（sōng）：复姓皇甫，名嵩，字义真。安定朝那人。官至太尉。

④ 长社：故城在今河南长葛市西。

⑤ 汝南：郡名，治在今河南汝南县东南。

⑥ 广宗：故城在今河北威县东。

⑦ 下曲阳：故城在今河北晋州市西。

⑧ 冀州：今河北省地。

⑨ 墟（xū）：荒废的意思。

偷牛还剑

【故事】

王烈[1]的人品很高尚，办事很公正，乡里中的人很敬重他。有一次，一个偷牛贼，被牛主人拘获了，那贼便恳求牛主人说："情愿到官厅去受刑罚，不可给王彦方知道。"

但是这件事终于瞒不过人，终于给王烈知道了，他便派人送一匹布给那偷牛贼。旁人问王烈是什么意思，王烈说："那个偷牛贼，恐怕给我知道，对不起我。可见他做错了事，自己也觉得有些难为情。这样的人，将来也许会改过的，所以我送他一匹布，使他更加觉得惭愧，从此做个好人。"

又有一次，有一老翁，在路上行走，遗失一口宝剑。同时有一个客人，经过这地方，却给他拾到了。他便守着宝剑，等候那失主来找寻。一会儿，那老翁果然来到原处，找寻宝剑，客人便把宝剑还给他。老翁非常感激他，回去就把这事儿告诉了王烈。王烈听了，觉得非常奇怪，经他调查了几次，才知道那位还剑的客人，就是从前那个偷牛贼。

【注释】

① 王烈：字彦方，太原人，汉末，避乱辽东，绝意仕进。死时年七十八。

物归原主

【故事】

有一年，王忳[1]到洛阳去，在路旁空屋中，看见有一个书生睡在床上，面容憔悴，情景凄凉。书生对忳说："我是到洛阳去的旅客，不幸在中途得了病，非常沉重，不久快要死了。我的身边，还有十斤金子，现在送给你吧！不过，有一件事要恳求你：等我死了以后，要请你把我的尸体收殓一下！"忳正要问他的姓名，那书生已不会说话了。当时在他的身边，果然找到了十斤金子，王忳就用一斤金子，买了一口棺木，把他盛殓、掩埋了；把其余的金子，都埋在棺底泥土中。

几年以后，王忳回到本乡，做了亭长[2]。一天，不知从哪里跑来了一匹马，闯入亭中；又有一条绣被，也不知是谁家的，被大风吹来，落在王忳的面前。王忳不敢收受，当即据情报告县署。

县官就将那匹马和一条被，断给了王忳。

王忳后来骑了这匹马，到雒县③去，突然那匹马竟不听指挥，闯进了一家人家的屋子里。那家主人一见了它，就惊喜交集，连忙问王忳道："这匹马，你从哪里得来的？"王忳照实说了，并且连那绣被飘来的事情，也都说了出来。主人大为诧异，说道："马和绣被，原都是我家的东西，有一天，一起被飓风吹去了的。想来你一定有什么阴功积德，所以才会得到这两件东西。"这时候，王忳自己也弄得莫名其妙，想了一会儿，才记起埋葬书生的事，因此，便把这经过完全说了出来。主人听了，大吃一惊，而且立刻掉下了眼泪来，哭着说道："那书生就是我的儿子啊！他姓金名彦，几年以前，因为到洛阳去，就此没有回来，不料先生已经给他埋葬了。这种恩德，我还不曾报谢，今天先生被马驮着到这里来，莫非是天意吗？"王忳便将马和绣被，还给主人。主人不但不要，并且还要送他些金子作谢礼，王忳哪肯收受。

主人因此格外感激王忳的高谊，便把这事的

经过情形，报告县官。并且经县官批准，叫王忳告了几天假，陪着主人，一同到书生埋葬的地方，迎接尸棺回乡。到了目的地，发现棺底的金子，完全存在，因此主人愈加钦佩王忳的诚实不欺。王忳的声誉，从此传播远近了。

【注释】

① 王忳：广汉新都人。官郡功曹，后举茂才，任郿令。

② 亭长：秦汉时代官名。十里为一亭，设亭长一人，掌境内治安捕盗事。

③ 雒（luò）县：即今四川广汉市。